DELIUS KLASING

Tobias Greven · Iris Bödder

Mountainbiken auf Mallorca

19 ausgewählte Touren

Mit Roadbooks

Delius Klasing Verlag

Bibliografische Information der Deutschen Nationalbibliothek
Die Deutsche Nationalbibliothek verzeichnet diese Publikation in der Deutschen Nationalbibliografie; detaillierte bibliografische Daten sind im Internet über http://dnb.d-nb.de abrufbar.

1. Auflage
ISBN 978-3-7688-5247-0

Alle Bike-Fotos (einschließlich Umschlag) von Marco Toniolo, die weiteren von Consell de Mallorca
Umschlaggestaltung: Buchholz/Hinsch/Hensinger, Hamburg
Kartografie: John Bassiner
Layout: Karin Buschhorn
Druck und Bucheinband: Druckhaus-Verlag Friedr. Schmücker, Löningen
Printed in Germany 2007

Delius Klasing Verlag, Siekerwall 21, D-33602 Bielefeld
Tel.: 0521/559-0, Fax: 0521/559-115
E-Mail: info@delius-klasing.de
www.delius-klasing.de

Inhalt

Vorwort

Was macht man, wenn man wie ich am Meer groß geworden ist, den Duft des Salzwassers, die Weite des Horizonts und das Rauschen von Wellen und Wind fast genauso braucht wie die Luft zum Atmen – und trotzdem verrückt nach Mountainbiken ist? Man sucht eine Insel, nicht zu groß und nicht zu klein, mit schmalen Pfaden, schotterigen Pisten, harten Anstiegen, herausfordernden Downhills inmitten fast unberührter wunderschöner Natur, mit Palmen, Kakteen, Zitronen, Orangen, Mandeln, Oliven und viel, viel Sonne – und findet Mallorca.

Mallorca ist eine Insel der Gegensätze. Auf der einen Seite gibt es die Negativklischees wie überfüllte Strände, Bettenburgen und Ballermann – und auf der anderen Seite Ruhe, Abgeschiedenheit, einsame Buchten, verwinkelte Gässchen und gemütliche Bars. Mallorca ist aber auch eine, wenn nicht sogar die Insel des Radsports. Zugegebenermaßen etwas Rennrad-lastig, aber nach und nach ändert sich das Bild. Mit dem Siegeszug des Mountainbikes in den letzten 15 Jahren und den positiven Erfahrungen, die man mit dem Radsporttourismus auf der Straße gemacht hat, öffnet sich Mallorca nun Schritt für Schritt auch dem Mountainbikesport. Der vorliegende Guide zeigt, dass das Mountainbiken auf Mallorca mindestens genauso interessant, abwechslungsreich und sicher deutlich spannender ist als das Rennradfahren. Darüber hinaus bietet die Insel so viel Unberührtheit wie kaum ein Platz in Europa, ohne gleichzeitig auf eine perfekt ausgebaute Infrastruktur zu verzichten, gute Flugverbindungen und kurze Anreisezeiten eingeschlossen. Hervorzuheben ist sicher noch, dass die Insellage bei fast allen Touren eine Kombination mit einem Bad im Meer möglich macht, und dieses kann man – dem milden Klima sei Dank – nicht nur im Sommer genießen.

Boote in Porto Colom

Parc de la Mar in Palma

Viele Touren haben ihren Start- und Zielpunkt im Pollentia Club Resort im Norden Mallorcas, direkt am Fuße des Tramuntana-Gebirges. Als Leiter der dort ansässigen Radstation habe ich von hier aus meine ersten Bike-Exkursionen gestartet, die ich im Übrigen auch alle GPS-unterstützt anbiete. Im Laufe meiner Tätigkeit hat sich diese Station immer mehr in Richtung MTB entwickelt. Dank der Unterstützung des Reiseveranstalters BALEAR-Reisen und der Münchner Bike-Schmiede Steppenwolf findet man hier ein perfektes Urlaubsdomizil – und kann mit diesem Guide nun auch die passenden Touren fahren. Ich bin sicher, dass Sie großen Spaß haben und die mallorquinischen Mountainbikekilometer intensiv genießen werden!

Symbole in den einzelnen Tourenkarten

■ Start	Strand
● Wendepunkt	Turm
Route	Leuchtturm
▲ Gipfel	Kirche/Kapelle
Castell	Aussichtsplatz
Ruine	Höhle

Benutzerhinweise

Achtung – bitte unbedingt lesen!!! Dieser Bike Guide ist so aufgebaut, dass jede Tour aus einer Infoseite mit den wichtigsten Informationen zur Einschätzung der Route (einschließlich Höhenprofil), einer Streckenverlaufs- und Hintergrundinformationspassage und einem Roadbookteil besteht.

Dazu nutzen wir bei Höhenprofil und Streckenverlauf folgende Legende:

- braun = Straße, Asphalt
- **dunkelblau** = unbefestigte, gut befahrbare Wege, z. B. Schotterpisten
- grün = fahrbare Trails, z. B. Karrenwege, Pfade (hier hängt auch viel von der Versiertheit des Fahrers ab)
- **schwarz** = Tragepassagen

Alle Einschätzungen erfolgen nach einer Werteskala von eins bis sechs und werden durch eine entsprechende Anzahl ✻ dargestellt, wobei eine höhere Anzahl einer höheren Bewertung entspricht. Wie jede Bewertung unterliegt diese natürlich einer gewissen Subjektivität. Die Einschätzung des sogenannten Schwierigkeitsgrades ergibt sich dann aus dem Mittel von notwendiger Kondition und Fahrtechnik.

Das Roadbook bezeichnet zum einfacheren Verständnis nur die wirklich entscheidenden Punkte der Route. Dazwischen bleiben Sie stets auf dem angegebenen Hauptweg und ignorieren sämtliche Abzweigungen und Kreuzungen. Die laufende Nummer einiger Wegweisungspunkte finden Sie ebenfalls auf dem Höhenprofil, mit einem Kreissymbol und der entsprechenden laufenden Nummer (z. B ⑧). Wenn Sie unterwegs auf ein Gatter oder Tor stoßen, passieren Sie es. Bitte vergessen Sie nicht, es so zu hinterlassen (offen oder geschlossen), wie Sie es vorgefunden haben.

Die Fahrtzeiten sind großzügig bemessen und beinhalten auch kurze Stopps bei besonders schönen Aussichten. Sie dienen daher nur zur ungefähren Orientierung. Die Höhenmeter setzen sich aus sämtlichen Bergaufdifferenzen zusammen. Alle Profile wurden mit dem Navigationsgerät Garmin – etrex Venture erstellt. Es handelt sich dabei um errechnete, nicht barometrische Profile. Eine gute Ergänzung des Buches, wenn auch nicht erforderlich, ist die Kompasskarte Nr. 230, auf der auch die Streckenverläufe dargestellt sind.

Alle Touren sind nach bestem Wissen zusammengestellt, eine Gewähr für die Richtigkeit der Angaben kann nicht gegeben werden. Das Abfahren der Routen erfolgt auf eigene Gefahr, jegliche Haftung ist ausgeschlossen. Nehmen Sie immer Rücksicht auf Ihre Mitmenschen und die Umwelt, damit das Bikevergnügen uns allen erhalten bleibt.

Typisch – Trails und Meer

Rund um die Insel

Anreise

Flug

Europaweit gibt es keine Destination, die flugtechnisch so gut angebunden ist wie Mallorca. Chartergesellschaften und Low Cost Carrier bieten eine hohe Flugfrequenz mit sehr guten Preisen. Je früher gebucht wird, desto günstiger die Preise.

Die Fahrradmitnahme kostet je nach Fluggesellschaft zwischen 40,- und 50,- Euro und muss bei der Fluggesellschaft unbedingt angemeldet werden. Auch auf der Insel werden von Transportunternehmern, Taxifahrern und Reiseveranstaltern Gebühren für die Radmitnahme erhoben. Für den Transport im Flugzeug sollte man einen Radkarton oder eine Radtasche benutzen. Soll das Bike unverpackt fliegen, ist der Lenker quer zu stellen und die Pedale abzubauen. Grundsätzlich etwas Luft ablassen.

In Palma angekommen, laufen die Räder entweder über das gesondert gekennzeichnete Radgepäckband oder mit den Koffern über das normale Gepäckband. Ein System gibt es nicht.

Unterkunft

Pauschal reist man am günstigsten nach Mallorca. Da die meisten Touren im Norden der Insel starten, ist eine Unterkunft am Fuße des Tramuntanagebirges am sinnvollsten.

Bei für den Mountainbiker besonders attraktiven Ausgangslagen bieten sich Übernachtungen in sehr einfachen Einsiedelein, Berghütten und Klöstern an. Diese sollten in jedem Fall vorreserviert werden.

Spanischkenntnisse sind dabei erforderlich, und bei einigen ist ein Schlafsack mitzubringen.

Fährverbindungen

Auf die schönste Art nähert man sich der Insel mit dem Schiff.

Zwischen Palma und Barcelona gibt es tägliche Fährverbindungen. Die klassische Fähre benötigt acht Stunden. Die meistens nur im Sommer betriebenen Schnellfähren benötigen drei bis vier Stunden. Weitere Fährverbindungen gibt es ab Valencia, Sète ...

Adressen

Flughafen/Aeropuerto/Aeroport

Son San Juan

Tel.: +34 971 78 90 00 oder

+34 902 40 47 04

Konsulate

Deutsches Konsulat

C/Porto Pi, No. 8, 3D

Palma

Tel.: +34 971 70 77 37

Fax: +34 971 70 77 40

Österreichisches Konsulat

C/Sindicato, 69

E-07002 Palma

Tel.: +34 971 72 80 99

Fax: +34 971 72 84 27

Schweizer Honorarkonsulat

C/Estornells, 1

E-07011 Palma

Tel.: +34 971 60 67 51

Fax: +34 971 60 64 21

Notruf

Allgemein: 112

Guardia Civil: 062

Ambulanz: 061

Feuerwehr: Palma 080,

außerhalb: 085

Rotes Kreuz Balearen: 971 20 22 22 und 971 29 50 00

Taxi
Taxameter sind überall Pflicht. Jeder Fahrer muss eine Preisliste mit sich führen. Die Radmitnahme ist gebührenpflichtig und kann verhandelt werden.

Alcúdia
Tel.: 971 54 96 91

Andratx
Tel.: 971 23 55 44

Artà
Tel.: 971 83 62 02

Palma
Tel.: 971 40 14 14

Santanyí
Tel.: 971 65 70 58

Sóller
Tel.: 971 63 84 84

Tourismusinformationen
Palma – Placa de la Reina No. 2
Tel.: 971 71 22 16

Palma – Placa Espanya
Tel.: 971 29 27 58

Casal Sollerich – Passeig del Born 27
Tel.: 971 72 96 34

Alcúdia
Ctra. Artà, 68
07410 Alcúdia
Tel./Fax: 971 89 26 15 ok

Cala d'or
Avda. Cala llonga
07660 Santanyí
Tel./Fax: 971 65 74 63

Cala Millor
(San Lorenzo)
Avenida Bahia de Levant
07560 Cala Millor
Tel.: 971 58 54 09

Cala Millor
(Son Servera)
Passeig Marítim
07560 Cala Millor
Tel.: 971 58 58 64

Malerisch – Deià

Flaggengeschmückt – Regierungsgebäude in Palma

Cala Rajada
(Capdepera)
Plaça dels Pins s/n
07590 Cala Rajada
Tel.: 971 56 30 33

Calvià
C/Ca'n Vich, 29
07184 Calvià
Tel.: 971 13 91 09
www.visitcalvia.com

Colònia Sant Jordi
C/Dr Barraquer, 5
07638 Colònia de Sant Jordi
Tel.: 971 65 60 73

Flughafen
Tel.: 971 78 95 56

Illetas
Ctra. Andratx, 33
07183 Iletas
Tel.: 971 40 27 39

Magaluf
Avda Magaluf, 22
07182 Magaluf; Calvià
Tel./Fax: 971 13 11 26

Peguera
Sebelli, s/n
07160 Peguera-Calvià
Tel.: 971 68 70 83

Port d'Alcúdia
Ctra. Artà, 68
07410 Alcúdia
Tel./Fax: 971 89 26 15

Portocristo
Muelle de Puerto Christo
07680 Portocristo-Manacor
Tel./Fax: 971 81 51 03

Port de Pollença
C/Passeig Saralegui, s/n
Tel.: 971 86 54 67

Pollença
C/Guillerm Cifre de Calonya, s/n
07460 Pollença
Tel./Fax: 971 53 50 77

Port de Sóller
Canónigo Oliver
07108 Port de Sóller
Tel.: 971 63 30 42

Sóller
Plaza de Sa Constitució, 1
07100 Sóller
Tel.: 971 63 80 08

Ärztliche Versorgung
Die ärztliche Versorgung auf Mallorca ist sehr gut. Viele deutsche Ärzte haben sich auf der Insel niedergelassen. Neben dem Cruz Roja, dem Spanischen Roten Kreuz, gibt es Ärztezentren und Notdienststationen an vielen Orten der Insel.

Ärztehaus Palma
Palma, C/Unio 9 (bei C&A)
Tel.: 971 22 80 67
Breites Spektrum von Allgemeinmedizin bis Zahnheilkunde

Clinica Picasso 57
Deutsches Facharztzentrum
Palma, Avda. Picasso, 57
Tel.: 971 22 06 66

Deutsches Facharzt-Zentrum
Paguera (C/Malgrat Nr. 6)
Tel.: 971 68 53 33
Santa Ponsa (Av. Rei Jaime 1, Nr. 100)
Tel.: 971 69 55 85

Internationales Facharztzentrum Palma
Centro Médico Internacional
Edificio Reina Constanza
Paseo Maritimo-Porto Pi, 8 – 1. Stock
07015 Palma de Mallorca (gegenüber Club de Mar)
Tel.: 971 70 70 55

Wassermühlen im Sonnenuntergang

Staatliche Krankenhäuser:
Hospital Son Duretas
Andrea Dôria, 55
07014 Palma
Tel.: 971 17 50 00

Hospital Son Llatzer
Ctra. Manacor, km 4 Son Ferriol
07198 Palma
Tel.: 871 20 20 00

Hospital de Manacor
Ctra. Manacor-Alcúdia, s/n
07500 Manacor
Tel.: 971 87 40 00

Weitere:
Hospital General
Pca. Hospital, 3
07012 Palma
Tel.: 971 21 20 00

Clínica Capistrano
C/Miquel Rosselló Alemany, 46
07015 Palma
Tel.: 902 40 09 02

Clínica Femenía
C/Camilo José Cela, 20
07014 Palma
Tel.: 971 45 23 23

Clínica Juaneda
Direcció: C/Company, 20
07014 Palma
Tel.: 971 73 16 47

Clínica Palmaplanas
Camí dels Reis s/n
07010 Palma
Tel.: 971 91 80 00

Clínica Planas
Menorca, 3
07011 Palma
Tel.: 971 22 00 50

Clínica Rotger
C/Santiago Russinyol, 9
07012 Palma
Tel.: 971 44 85 00

Hospital D'Alcúdia
C/Formentera, 5
07400 Alcúdia
Tel.: 971 54 73 73

Hospital General de Muro
C/Veler, s/n
07408 Muro
Tel.: 971 89 19 00

Hospital Port D'Alcúdia
Av. Joan Carles I, s/n
Edifici »Concha del Lago«
07410 Alcúdia
Tel.: 971 89 18 35

Policlínica Miramar
Av. Son Serra, 30
07011 Palma
Tel.: 971 76 70 00

Apotheken

Apotheken heißen Farmàcia. Man findet alle bei uns üblichen Medikamente, zumeist deutlich günstiger.

Autofahren

Tempolimit: im Ort 50 km/h, auf Landstraßen 90 km/h, auf Autobahnen 120 km/h.

Vorfahrt: Kreisverkehr hat Vorfahrt.

Verhalten im Verkehr: vor unübersichtlichen Kurven hupen. Privates Abschleppen ist verboten, ebenso die Benutzung von Handys. Gurtpflicht.

Bußgelder: sind hoch, auch für Falschparken.

Parken: Parken ist vor allem in Palma ein ernst zu nehmendes Thema. Wichtig ist es, Park- und Halteverbote

Strand von Port Pollença

in jedem Fall zu beachten, sonst drohen Abschleppen und/oder Geldstrafen.

Gelbe Linien am Straßenrand signalisieren absolutes Halteverbot. Blaue Linien erlauben Parken, aber nur während der Geschäftszeiten mit Parkgebühr. Zu zahlen ist von Montag bis Freitag, 9.30 bis 13.30 Uhr, sowie 17.00 bis 20.30 Uhr, am Samstag zwischen 9.30 und 13.30 Uhr. Stehen darf man allerdings vielerorts in Palma nur anderthalb Stunden am Stück.

Wer die Zeit überschreitet oder zu spät kommt und ein Knöllchen vorfindet, hat die Chance, bei Zahlung eines bestimmten Betrages im entsprechenden Geldautomaten die genannte Strafsumme zu unterschreiten.

Die sicherste, wenn auch kostspielige Variante ist die Fahrt in eines der meist gut ausgeschilderten Parkhäuser.

Banken und Geld

Banken sind nur vormittags geöffnet, und zwar Montag bis Freitag.

Flächendeckend findet man Geldautomaten (Cajero Automático, Telebanco). Alternativ akzeptieren die meisten Geschäfte, Restaurants und Hotels die Zahlung per gängiger Kreditkarte. Im Supermarkt bitte immer den Personalausweis dazu bereithalten.

Beste Bikereisezeit

Wer in den Wintermonaten bis Ende Mai zum Biken kommt, erlebt Mallorca in frischesten Farben und wunder-

Mandelblüte

schön blühender Natur. Erwähnt sei nur die viel beschriebene Mandelblüte im Februar. Aber auch der Herbst hat seine Vorzüge. Wer von September bis Anfang November auf der Insel weilt, hat ein gut temperiertes Meer vor der Tür, und die Insel wirkt allgemein ruhiger.
Mit Einschränkungen kann man aber durchaus auch im Sommer Mountainbiken. Selbst in den heißen Monaten Juli und August präsentiert sich Mallorca noch einigermaßen grün, und für Frühaufsteher ist die Insel auch dann ein wahres Bikeparadies

Bus und Bahn

Busse

Es gibt ein Busliniennetz zwischen Palma und den größeren Urlaubsorten. Fahrpläne bekommt man bei den Touristeninformationen und häufig auch im Hotel. Fahrscheine gibt es direkt im Bus.

Bahnen

Drei Bahnstrecken gibt es auf Mallorca: Die eine führt von Palma über Marratxí, Sta. Maria, Alaró, Binissalem nach Inca. Dort gabelt sie sich in die Strecken Inca über Petra nach Manacor bzw. Inca über Llubí nach Sa Pobla. Die Radmitnahme ist auf diesen Strecken kostenlos möglich, leider aber nicht auf der dritten, von Palma nach Sóller.
Für Busse und Bahnen ist die Plaça Espanya wichtigster Knotenpunkt.

Deutschsprachige Medien

Das Inselradio 95,8
Mallorca Magazin
Mallorca Zeitung

Dokumente

Personalausweis oder Reisepass genügt zur Einreise. Wer einen Leihwagen mieten will, muss den Führerschein vorlegen.

Fahrradvokabular

Achse	eje
Bremse hinten	freno trasero
Bremse vorn	freno delantero
Bremsgriff	maneta de freno
Bremszug	cable de freno
Felge	llanta
Freilauf-Zahnkranz	rueda libre
Gepäckträger	portaequipajes
Hammer	martillo
Hinterstreben	horquilla superior
Kette	cadena
Kettenblatt	plato
Kettenstreben	horquilla inferior
Kettenwerfer	desviador central
Lampe	lámpara
Lenker	manillar
Luftpumpe	bomba de aire
Nabe	buje
Oberrohr	tubo superior
Pedal	pedal
Reifen	neumático
Sattel	sillín
Sattelrohr	tubo del sillín
Sattelstütze	tija del sillín
Schalthebel	maneta de cambio
Schaltwerk (hinten)	cambio de marchas
Schaltzug	cable de cambio
Schlauch	cámara de aire
Schraubendreher	desarmador
Schraubenschlüssel	llave inglesa
Schutzblech	guardabarros
Speiche	radio
Steuerkopfrohr	tubo de dirección
Steuerkopfsatz	juego de dirección
Tretkurbel	biela
Tretlager	caja de pedalier
Unterrohr	tubo inferior
Ventil	válvula
Vorbau	potencia
Vordergabel	horquilla
Zange	tenazas

Olivenbäume, die Geschichten erzählen könnten

Fauna und Flora

Mallorca besitzt mit über 1500 Arten eine beeindruckende Flora. Von der Mandelblüte Ende Januar über die Blumenpracht im Frühjahr mit Gladiolen und rotem Mohn bis hin zu den bunten Herbstwiesen im Oktober/November bietet die Insel eine reizvolle Blütenpracht und Landschaft. Im Winter erfreut sich das Auge am kräftigen Gelb und Orange der Zitrushaine.

Die Produkte der Landwirtschaft zeigen die Einflüsse der vielen Eroberer und Inselbewohner im Laufe der Jahrhunderte: So stammen die Olivenbäume und der Weinanbau von den Römern, Mandel-, Zitronen- und Orangenbäume sowie Johannisbrot-, Feigen-, Aprikosen- und Pfirsichbäume von den Mauren. Die Spanier schließlich brachten Kartoffeln und Tomaten auf die Insel.

Die Fauna auf der Insel ist eher artenarm.

An wilden Tieren sind vorwiegend Bergziegen (verwilderte Hausziegen vornehmlich in der Tramuntana) und ab und an die Ginsterkatzen zu entdecken. Hasen und Kaninchen sowie zahlreiche Reptilien gehören zum Standardprogramm.

Darüber hinaus gibt es Amphibien – erst 1979 wurde als Lebendfund die Mallorca-Geburtshelferkröte entdeckt, die es endemisch nur auf der Insel gibt.

Die wenigen Schlangenarten sind für den Menschen ungefährlich. Auch die Skorpione sind harmlos. Geckos sind nützliche Begleiter, denn sie fangen Fliegen und Mücken. Allergiker und empfindliche Menschen sollten unbedingt den Kontakt mit der Prozessionsraupe vermeiden. Diese Raupen schlängeln sich hintereinander wie in

Vom Winde verweht – Pinien

einer Prozession zu ihrem Ziel, den Pinienbäumen. Bei einer Rast unter Pinien auf die Raupen achten und nicht berühren. Bemerkenswert für Ornithologen ist der Reichtum an Vogelarten: In den Wintermonaten bieten sich beste Möglichkeiten, bis zu 300 verschiedene Arten zu beobachten, darunter viele Singvögel, die auf Mallorca überwintern. Hervorzuheben sind der endemische Balearen-Sturmtaucher, Purpur- und Seidenreiher, Zwergrohrdommel, Mönchsgeier sowie der Rosa-Flamingo.

Fiestas – Feiertage
Zusätzlich zu den katholischen Kirchenfeiertagen können sich die Mallorquiner über den Tag des heiligen Jakobus (Sant Jaume = katalanisch bzw. San Jaime = kastilianisch) am 25. Juli und den Tag der unbefleckten Empfängnis (Inmaculada Concepción) am 8. Dezember freuen.
Eine besondere Bedeutung haben die Wallfahrtstage auf Mallorca. Die zahlreichen Heiligtümer der Insel werden mit Tanz, Musik, Essen und Trinken gefeiert.

Januar
1. 1. Neujahr (Cap d'any)

5. 1. Landung der Heiligen Drei Könige in Palma (Els Reis Mags). Die Heiligen Drei Könige kommen mit einem Schiff in den Hafen von Palma und werden feierlich mit Fackeln, Feuerwerk und Musik begrüßt. In einem festlichen Umzug mit Pferden, Kamelen und Tausenden von Bonbons reiten sie durch die Straßen der Altstadt zum Rathaus.

9. 1. In Campos: Fest der Schutzheiligen Santa Julia und Santa Basilia.

16. 1. Vorabend des Antoniusfestes, die »Verhexte Nacht«. Am Abend vor dem Namenstag des Schutzheiligen Sankt Antonius, Sant Antoni, des Schutzheiligen der Tiere, wird vor allem in Artà, Calvià, Costitx, Manacor, Mancor del Valle, Muro, Santa Eugenia, Santa Maria (del Camí), Sa Pobla und Sóller um die Freudenfeuer, die Foguerons, getanzt, und zu Hirtentrommeln und Tamburins werden traditionelle Lieder gesungen. Am Ende vertreibt der Schutzheilige die bösen Mächte.

17. 1. Fest des heiligen Antonius. An vielen Orten finden Prozessionen und Segnungen von Haustieren statt. Das traditionelle Gericht zu den Feierlichkeiten sind die Espinagada, ein leckerer Blechkuchen mit Gemüse und Süßwasseraal.

14.–20. 1. Fest des heiligen Sebastian, des Schutzpatrons der Inselhauptstadt.

19. 1. Livemusik auf den großen Plätzen in Palma. Barbecue, Musik und Party bis zum Morgen! Am Abend des 20. 1. beendet ein beeindruckendes Feuerwerk am Hafen die Festtage.

Februar
Carnaval an vielen Orten: Sa Rua und Sa Rueta (für Kinder) am Passeig des Born in Palma, Wagenzug und Blumenschlacht an der Playa de Palma und vielen weiteren Orten ...

März / April
Am vierten Fastensonntag in Sant Joan: das Fest von Brot und Fisch. Bei einer Wallfahrt zur Einsiedelei Nuestra Señora de la Consolación Ehrenfest mit Volkstänzen und Blumengaben

Palmsonntag in Palma: Palmenmarkt Fira del Ram.

Gründonnerstag und Karfreitag: an vielen Orten Prozessionen, am Gründonnerstag in Palma ab 19.00 Uhr der größte Umzug der »Büßer«, der Kapuzen-Brüderschaften. Am Karfreitag im Hof von Sant Salvador Mysterienspiel bei Fackelbeleuchtung und beeindruckende Umzüge in Palma und Pollença.

Ostersonntag: Llucmajor (8.00 Uhr) Morgenmesse mit anschließender Führung der Jesusfigur durch Männer und der Marienstatue durch Frauen.

Pollença: Festa d'es Puig. Wallfahrt auf den Berg mit Messe und anschließenden Volkstänzen und Spielen. Traditioneller Verzehr von Panades (Pasteten aus Fleisch und/oder Gemüse).

Dienstag nach Ostern Tag der Wallfahrten mit Volksfest, u. a. in Algaida, Campanet, Llubí, Mancor del Valle, Montuïri, Petra, Sant Joan, Vilafranca und Sa Pobla.

Mittwoch nach Ostern in Algaida: Wallfahrt zum Heiligtum La Pau Castellitx, Wagenprozession vom Dorf aus, Messe, mallorquinische Tänze, Liederwettbewerb und mehr.

Sonntag nach Ostern: Fest des Engels in Palma mit großem Volksfest am Schloss Bellver (mit Kinderprogramm), Wallfahrten und Feiern in Alaró (Wallfahrt zum Kastell), Inca, Porreres.

Mitte April:
Internationales Folklorefestival in Palma.

Mai
3. 5. – Festa de la creu. Kreuzfest in Caimari

Anfang Mai in Sóller: Ses Valentines Dones, »Fest der tapferen Frauen«, mit Scheingefechten aus der Zeit des türkischen Überfalls im 16. Jhdt.

Juni
Anfang Juni: Fronleichnam in Pollença (Adlerprozession mit zwei prächtig gekleideten Mädchen in Adlerkostümen, Symbol der Weberzunft).

12./13. 6. in Artà: Fest des heiligen Antonius zur Erinnerung an die Gründung des Franziskanerklosters.

23./24. 6. in Muro: Festa des Sant Joan. Wallfahrt zur Einsiedelei, Reiterspiele, Folklore und Volksfest.

24. 6. Festa d'es Sol qui baila. Fest der tanzenden Sonne, mit Schafscherwettbewerb und Folklore in Sant Joan.

29. 6. Festa de Sant Pedro in den Häfen von Palma, Alcúdia, Andratx, Sóller und Cala Rajada. Schiffsprozessionen und imposantes Feuerwerk.

30. 6. in Marrataxí: Wallfahrt von Sant Marcial mit Ausstellung von tönernen Siruell-Pfeifen.

Juli
21. 7. Petra, Sant Praxedis, Fest der Schutzheiligen mit Dämonentänzen.

25. 7. Volksfeste zu Ehren des Sant Jaume (heilig. Jakob) mit Volkstänzen und Feuerwerk in Alcúdia, Manacor, Sa Pobla, Sóller und Calvià.

28. 7. in Valldemossa: Beginn der Festwoche zu Ehren der Schutzheiligen Santa Catalina. Triumphwagen und Szenen ihres Lebens, Klavierkonzerte. Volksfest, auch in Palma und Pont d'Inca.

August
2. 8. Moros i Cristians in Pollença. Kampfspiel der historischen Schlacht von 1550 zwischen den Moros (Mauren) und den Einwohnern Pollenças. Ab ca. 19.00 Uhr großes Volksfest und Feiern bis in den Morgen.

10. 8. in Selva: Fest des Schutzheiligen Sant Llorenc. Folklore mit Tanz und Musik, traditionelle Trachten.

29. 8. in Sant Joan: Fest des Schutzheiligen Sant Joan. Wettkämpfe, Festzug und Dudelsackmusik.

September
Erster Septembersonntag: Prozession der Glückseligen zu Ehren von Catalina Tomás in Santa Margalida mit prunkvollen Wagen und Trachtengruppen.

Zweiter Septembersonntag: Melonenfest in Vilafranca de Bon Any mit kostenlosem Melonenessen.

Ende September: Weinfest in Binissalem mit Volksfest, Messe, Umzug, Tanz und Feuerwerk.

Oktober
Erster Sonntag im Oktober in Sant Joan: Festa d'es Butifarró = Fest der Blutwurst, mit Kostproben heimischer Wurstsorten, Dudelsackmusik und Volkstänzen.

Letzter Sonntag im Oktober in Petra: Spritzkuchenfest mit Vorabendimbiss, Spritzkuchen und Wurstspezialitäten sowie Sport und Kultur.

November/Dezember
1. 11. Allerheiligen. Feiern an vielen Orten.

25. 12. Weihnachten: in allen Kirchen Heilige Nacht, Nochebuena

31. 12. in Palma: Fahnenfest, Festa de L'Estandart, die Erinnerung an die christliche Eroberung der Stadt durch König Jaume I. am 31. Dezember 1229. Viele Feierlichkeiten mit großem Feuerwerk.
Silvester wird nach altem Brauch bei jedem Glockenschlag eine Weintraube verspeist. Pro Traube ein Wunsch. Ein Tipp von den Einheimischen: Die Trauben vorher pellen und möglichst kernlose nehmen!

»Vertreibung der Moros« – Fiesta in Pollença

Gastronomie
Es wird gegessen, was angebaut und gezüchtet wird. Auf der Insel stehen an erster Stelle Obst und Gemüse, und in der Fleischwirtschaft ist es die Aufzucht von Schweinen und Schafen. Dazu kommen Jagdwild wie Kaninchen, Rebhuhn, Drossel usw. sowie der Fischfang mit seinem reichen Ertrag an Fischen und Meeresfrüchten.

Die traditionelle Küche Mallorcas ist deftig und abwechlungsreich. Jede Jahreszeit und Region hat ihre Spezialitäten. Vom Schwein wird so ziemlich alles verwertet, und das jährliche Schlachtfest bildet den kulinarischen Höhepunkt des Jahres. Die folgenden Speisen wären ohne dieses Schlachtfest undenkbar:

- *frit mallorquí* Kartoffelstäbchen, Innereien, Erbsen, Artischocken und Paprika, pikant angebraten, delikat mit Fenchel gewürzt.
- *sobrassada* eine luftgetrocknete orange-rote Paprikastreichwurst, die sowohl roh als auch gebraten gegessen wird; gern streicht man sie als Aperitif auf die salzigen galletes d'Inca (Kekse aus Inca) oder quelitas.
- *botifarrons* kleine, mit Zimt, Fenchel und schwarzem Pfeffer gewürzte Blutwürste.

Folgende mallorquinische Speisen sollten Sie einmal probieren:

- *pa amb oli* mit Olivenöl beträufeltes und mit Trockentomaten eingeriebenes Brot, darauf isst man Schinken, Wurst oder auch Käse. Als traditionelle Beilage gibt es Oliven und sauer Eingelegtes; typisch sind vor allem fonoll marí (Meeresfenchel) und tàperes (Kapern).
- *sopes mallorquines* ist keine Suppe, sondern ein Gericht, dessen Grundlage aus Kohl (Wirsing) und einem speziell dafür hergestellten Brot besteht; das Brot saugt die gesamte Flüssigkeit auf.
- *tumbet* eine Art Gemüseauflauf, bei dem alle Zutaten wie Paprikaschoten, Auberginen, Zucchini, Kartoffeln usw. recht mühsam einzeln zubereitet und dann übereinandergeschichtet werden
- *coca* eine Gemüsepizza ohne Käse, die es als coca de trempó (mit Paprika und Zwiebeln) oder coca de verdura (mit Mangold und Tomaten) in den meisten Bäckereien zu kaufen gibt; gut als Zwischenmahlzeit.

Pa amb oli

Sobrassada und Zwiebelzöpfe

▸ *llom amb col* (Lende mit Kohl), eine Art Edel-Kohlroulade mit einem Stück Filet als Füllung.

▸ *arròs brut* (schmutziger Reis), variantenreich: Gemüse, Geflügel, Fleisch werden zu einem kräftigen Reiseintopf verbunden, zu dem Radieschen (raves) gereicht werden.

▸ *paella* Die Paella kommt aus Andalusien und hat eigentlich mit Mallorca nichts zu tun. Es gibt sie trotzdem in vielen Varianten, z. B. als paella de marisc mit Meeresfrüchten oder als paella de conill i pollastre mit Hähnchen und Kaninchenfleisch. Das Wort paella entstammt dem valencianischen Dialekt und bedeutet eigentlich »Pfanne«.

Nicht zu vergessen sind die kleinen Leckereien in Form von Tapas, die man in vielen Bars zu einem Getränk hinzubestellt. Tapa bedeutet Deckel. Auf das Glas, was man trinkt, setzt man einen Deckel: die Tapa. Wenn auch ursprünglich kein mallorquinischer Brauch, hat sich die Tapas-Kultur auch auf Mallorca durchgesetzt. Viele Restaurants haben sich allein auf Tapas spezialisiert. Da es sich um kleine Portionen handelt, kann man viel probieren. Am besten schaut man an der Theke, was es gibt, und bestellt, was gefällt.
Zwar ebenfalls nicht urtypisch mallorquinisch, bekommt man dennoch in vielen Restaurants all i oli (Knoblauch und Öl), eine handgerührte Knoblauchmayonnaise, die aus in Olivenöl zerquetschten Knoblauchzehen und Eigelb besteht, auf den Tisch gestellt.

Zum Frühstück und Dessert gibt es ensaimades, ein schneckenförmiges Gebäck, in dem Schmalz (mallorquinisch saïm) verarbeitet wird. Verfeinerte Varianten sind mit Pudding (crema) oder Kürbiskonfitüre (cabell d'àngel) gefüllt.
Für Festlandspanier ist die ensaimada ein typisches Mitbringsel für die Daheimgebliebenen, daher ist jede Konditorei stets auf eine reisetaugliche Verpackung des Backwerks vorbereitet.
Leckerer Begleiter zum Kaffee unterwegs oder als süßer Schlusspunkt sollte unbedingt einmal der Mandelkuchen mit Mandeleis sein.
Nach dem Essen empfiehlt sich der mallorquinische Kräuterlikör Hierbas (herbes). Seinen spezifischen Geschmack verdankt der meist 40%-ige, schillernd grüne Kräuterschnaps der geheimen Zusammensetzung aus Kräutern wie: Anis, Wacholder, Myrthe, Rosmarin, Majoran, Fenchel und Kamille. Ein Querschnitt durch den Kräutergarten Mallorcas. Bereits im 13. Jahrhundert empfahl der mallorquinische Philosoph Ramon Llull den Hierbas als Digestif, Medizin und Lebenselixier.

Wein

Mallorcas Wein bietet Trinkgenuss par excellence. Absatzprobleme gibt es nicht, obwohl er nicht ganz billig ist, vor allem nicht im Vergleich zu den mengenmäßig sehr viel größeren Produktionen des spanischen Festlandes, wie z. B. La Rioja.
Bereits die alten Römer wussten, was gut ist, und holten ihre Weine von Mallorca. Auch in späteren Jahrhunderten waren Mallorcas edle Tropfen an den Höfen von Kastilien, Frankreich und Spanien sehr gefragt.
Im 19. Jahrhundert kam der Weinbau auf Mallorca völlig zum Erliegen. Die Gemeine Reblaus zerstörte zunächst die Weinstöcke in Frankreich und auf dem spanischen Festland und leistete – wenn auch später – auch auf Mallorca ganze Arbeit.
Jetzt erlebt der Weinbau mit großem Erfolg einen neuen Aufschwung. Anfang der 1990er-Jahre erhielt die

Comarca (Gemarkung) Binissalem als erstes Anbaugebiet die Herkunftsbezeichnung Dominación de Origen (D.O.) (reglementierte Ursprungsgarantie). Eine unabhängige Kommission überwacht die Produktion und garantiert die Qualität. Dieses relativ kleine Anbaugebiet liegt im Bereich der Gemeinden Santa Maria del Camí, Santa Eugenia, Consell, Binissalem und Sencelles. 1999 folgte das Gebiet »Pla i Llevant« mit den Anbauschwerpunkten im Gebiet Petra, Manacor, Felanitx und Porreres.
Kürzlich erhielten weitere Bodegas anderer Anbaugebiete, wie z. B. im Tramuntanagebirge Vi de la Terra Serra Tramuntana-Costa Nort, die Möglichkeit, ihre Weine mit einer offiziellen Herkunftsgarantie auszuzeichnen. Vi de la Terra Illes Balears ist die jüngste Herkunftsbezeichnung für alle anderen Anbaugebiete der Balearen.

Probieren Sie einfach: runde volle Rotweine (vino tinto) , spritzige Roséweine (rosado) oder fruchtig-frische Weißweine (vino blanco), und achten Sie auf folgende Bodegas – Orte – Weine:
ÂN Negra Viticultors – Felanitx – Wein: Ân Negre, ÂN
Armero I Adrover – Felanitx – Wein: Collita de Fruits Crianza
Ca Sa Padrina – Sencelles – Wein: Mantonegro
Ca'n Majoral – Algaida – Wein: Butibalausi blanc, rosat oder tinto
Castell Miquel – Alaró – Wein: Stairway to Heaven Cabernet Sauvignon
Jaume de Puntiró – Binissalem – Wein: Daurat, Vermell, JP Crianza
Jaume Mezquida – Poreres – Wein: Cabernet Sauvignon, Rosat de Rosa
José L. Ferrer – Binissalem – Wein: José Luis Ferrer Gran Reserva
Maciâ Batle – Binissalem – Wein: Blanc de Blancs, Reserva Privada
Miquel Gelabert – Manacor – Wein: Torrent Negre, Muscat, Blanc Sa Vall
Miquel Oliver – Petra – Wein: Original Muscat, Ses Ferritges, Mont Ferrutx
Nadal – Binissalem – Wein: Albaflor, Merlot 110, Syrah 110
Pere Seda – Manacor – Wein: Novell Blanc, Pere Seda Crianza, Mossen Alcover

La Dragonera (Blick vom Kloster Sa Trapa)

Im Wald versteckt – Hotel Formentor

Geografie

Mallorca ist die größte der vier bewohnten Baleareninseln. Von Nord nach Süd beträgt die Ausdehnung etwa 80 km, von West nach Ost rund 100 km. Mallorca bietet dank der attraktiven Lage im westlichen Mittelmeer ausgezeichnete klimatische, kulturelle sowie naturlandschaftliche Bedingungen.

Die Insel gliedert sich geografisch in drei Teile:
Im Westen befindet sich die Serra de Tramuntana, Schutzwall für die Insel gegen die rauen Nordwestwinde.
An der Ostküste, die mit zahlreichen Buchten und Fjorden durchzogen ist, befindet sich die anmutige Hügellandschaft der Serra de Llevant mit Höhen bis zu 500 m.
Die große Ebene Es Plá grenzt im Norden an die Doppelbucht Badia de Pollenca/Badia d'Alcúdia und im Süden an die Badia de Palma.

Geografische Daten:
- Fläche: 3640 km²
- Küstenlänge: 554,7 km
- Höchste Erhebung: 1447 m (Puig Major)
- Jahresdurchschnittstemperatur: 18,7 °C
- Sonnenscheinstunden im Jahresdurchschnitt: 2958,7 Std.
- Bevölkerung: 790 000 Einwohner

Aktuell besteht Spanien aus 17 autonomen Gemeinschaften mit föderativem Charakter und großem Spielraum für eigene Gesetzgebungen. Spanien selbst ist eine parlamentarische Demokratie mit konstitutioneller Monarchie.
Sitz des Parlaments und der Hauptstadt der Inselgruppe ist Palma.

Geschichtliches – Besiedlung und sechs Invasionen

Mallorca ist immer wieder erobert worden, zunächst wegen seiner strategisch günstigen Lage im westlichen Mittelmeer, anschließend wegen seines Klimas, seiner Schönheit und der guten verkehrstechnischen Anbindung.

Die ersten Siedler
Bisher glaubte man, Mallorca sei erst im Neolithikum, d. h. zwischen 4000 und 3000 v. Chr., besiedelt worden. Die Entdeckung von Kohleresten in der Höhle Cova de Canet nahe der Gemeinde Esporles lässt Prähistoriker vermuten, dass es bereits um 7200 v. Chr. eine Urbevölkerung gab.

Die Talayot-Kultur
Das charakteristische Element dieses Zeitabschnittes ist der Talayot, ein dickwandiger Turm mit zentraler Kammer. Der Name talayot (kast.) oder talaiot (kat.) kommt aus dem Arabischen (atalaya) und bedeutet Turm/Wachturm. Ein Archäologe von Menorca hat daraus den Begriff der »talayotischen Kultur« geprägt. Noch heute sind Reste von mit Mauern umgebenen Siedlungen zu bestaunen.
Beispiele der frühgeschichtlichen Ansiedlungen sind Capocorb Vell (Llucmajor) und Ses Païsses (Artà). Die Analyse der Fundsachen belegt, dass die talayotischen Häuser mit runder Grundfläche besonders zwischen dem 4. und dem 2. Jahrhundert v. Chr. zum Wohnaufenthalt genutzt wurden. Da Talayots oft hochgelegen platziert wurden, waren sie auch als Beobachtungstürme nutzbar.
Aus dieser Zeit stammen auch die ersten Funde über die Steinschleuderer »Els Foners«, die nicht nur Steine verwendeten, sondern auch Bronze- und Eisengeschosse. Die Steinschleuder wurde zunächst bei der Jagd und später als Verteidigungswaffe eingesetzt. Die Bronze-Projektile waren zum Teil mit Gravuren zur Verhöhnung der Gegner versehen.
Die Treffsicherheit war schon damals enorm. Wurfweiten von mehr als 150 Metern sind belegt. Angeblich wurde den Kindern das Essen in Bäume gehängt, damit sie es aus Trainingsgründen herunterschleuderten. So wurde die hohe Kunst des Steinschleuderns früh geübt und machte später die Ur-Mallorquiner zu beliebten und gut entlohnten Söldnern in den karthagischen und römischen Armeen.

Die römische Eroberung oder die 1. Invasion
Gegen die Invasion der Römer wurden die Foners aktiv eingesetzt und leisteten einen erheblichen Widerstand gegen die römischen Truppen. Vor der Küste von Pollença wurden mit dieser Steinschleudertechnik ganze Schiffe der Römer versenkt.
Trotzdem gelang es den Römern, 123 v. Chr. unter Quintus Caecilius Metellus die Insel zu erobern. Die ersten Städte wie Palma und Pollença (damals Pollentia geschrieben), das heutige Alcúdia, von dem bemerkenswerte Reste erhalten geblieben sind, werden gegründet. Heute noch zu besichtigen sind das romanische Amphitheater bei Alcúdia und der romanische Brückenbogen in Pollença. Oliven, Wein und Getreide wurden angebaut. Handel, Kultur und Infrastruktur wurden gefördert.

Die Vandalen und Byzantiner oder die 2. Invasion
425 n. Chr. erlebte Mallorca die Invasion und Plünderung durch die Vandalen. Es folgte eine Zeit des Niedergangs, die mit der Zerstörung von Pollentia eingeleitet wurde. Die Macht der Vandalen ging im Jahre 534 zu Ende, als der byzantinische General Belisario den Befehl zur Eroberung der »Illes Balears« gab.

Der starke arabische Einfluss oder die 3. Invasion
Die byzantinische Herrschaft hielt nicht lange vor. Bereits 707 landen erste moslemische Schiffe. 903 wird

Mallorca endgültig von den Mauren erobert. Nach Berichten von Chroniken war die auf steilen Felsen gelegene Burg von Alaró letzter Zufluchtsort des christlichen Widerstands. In dem nachfolgenden Zeitraum großer Blüte war Medina Mayurka, das heutige Palma, das kulturelle Zentrum.
Architektonische Zeugen jener Zeit sind die arabischen Bäder im Herzen der Altstadt. Die Mauren führten neue Bewässerungssysteme ein, wie die windbetriebenen Wassermühlen, die noch heute in den Ebenen um Palma (St. Jordi) und Sa Pobla zu sehen sind. Weitere Beispiele arabischer Bewässerungskunst zeigen die Terrassenkulturen von Estellencs und Banyalbufar. Hoch entwickelte Gartenkultur bezeugen Gartenanlagen wie Alfàbia und Raixa. Mandelbaum-, Pfirsich- und Zitrusfruchtplantagen sind ebenfalls arabischen Ursprungs. Zur Verteidigung der Insel wurden viele Kastelle gebaut, deren Ruinen heute noch erhalten sind, wie z. B. das Castell d'Alaró, das Castell del Rei, das Castell de Santueri und das Castell de Capdepera.
Viele Ortsnamen, die mit der Silbe »al« beginnen, wie Alcúdia, Alaró oder Algaida, oder mit der Pluralform von Ben (bini – aus dem Besitz der Söhne von) wie in Binissalem, Biniamar, Binifaldó verweisen auf die arabische Vergangenheit.

Die Wiedereroberung/Reconquista oder die 4. Invasion
Am 12. September 1229 eroberten die Armeen der Krone von Aragón unter dem Oberbefehl des damals 21-jährigen Jaume I. die Insel für die christliche Welt zurück.
Ausschlaggebend waren die Piraten, die in dieser Zeit von Mallorca aus operierten und selbst die Bürger von Barcelona bedrohten. Zudem hatte man Jaume I. viel von der Schönheit der Insel erzählt. 145 Schiffe, 12 000 Fußsoldaten und 1500 spanische und südfranzösische Ritter stachen im September 1229 in See. Widrige Brandung und zu flacher Strand verhinderten die Landung in der Bucht von Pollença. Entlang der Ost- und Südküste umsegelte man die Insel und landete im heutigen Santa Ponça. Von dort aus wurde nach und nach Besitz von der Insel ergriffen, bis man am 31. Dezember desselben Jahres die Stadt Palma einnehmen konnte.
In diesen ersten Jahrhunderten unter erneuter christlicher Herrschaft (13., 14. und 15. Jh.) gelangte die mallorquinische Kartografie zu Weltruhm. Auf der Insel befanden sich die renommiertesten Werkstätten Europas zur Herstellung von Seekarten. Nach der Vereinigung der Kronen von Kastilien und Aragón wurde die Geschichte Mallorcas durch die Wechselfälle der spanischen Geschichte bestimmt.

Weitere Ereignisse
1235 Ramon Llull, bedeutender Philosoph der Insel, Missionar, Begründer der katalanischen Schriftsprache, Prediger der Toleranz zwischen den Religionen, wird geboren.

1276 Jaume II., Sohn Jaume I., ruft die Balearen gemeinsam mit den katalanischen Gebieten in Südfrankreich zum Königreich Mallorca aus.

1349 Mallorca wird der katalanisch-aragonischen Krone zugeschlagen. Tod von Jaume III. in der Schlacht von Llucmajor

1350–1390 Judenverfolgung.

1479 Einigung Spaniens durch Heirat (1469) Isabella I. von Kastilien und

Ferdinand II. von Aragón. Mallorca fällt an das geeinte spanische Königreich.

1492 Mit der Entdeckung Amerikas verliert Spanien das Interesse an Mallorca.

1502 Erster türkischer Piratenangriff auf Pollença, weitere folgen.

1531 Catalina Tomás (hochverehrte Inselheilige) wird geboren.

1541 Befestigung mallorquinischer Städte und Bau von Talaias gegen Piratenangriffe.

1571 Sieg über die Türken bei der Schlacht von Lepanto.

1713 Geburt Josep Miquel Ferrers (Juniper Serra) in Petra, bedeutendster Missionar der amerikanischen Westküste und der Begründer von San Francisco.

1814 Mallorca erhält eine eigene freiheitliche Verfassung (nach dem Ende der napoleonischen Unabhängigkeitskriege).

1838/1839 Der polnische Komponist Frédéric Chopin verbringt mit seiner Geliebten George Sand (frz. Schriftstellerin) einen Winter im Kloster von Valldemossa.

1867 Der österreichische Erzherzog Ludwig Salvador (Arxiduc genannt) kommt als 20-jähriger Student zum ersten Mal nach Mallorca.
Er verbringt mit Unterbrechungen vier Jahrzehnte auf der Insel. Die Mallorquiner verehren ihn als Umweltschützer, Forscher, Schriftsteller und Künstler.

1901 Palmas Gran Hotel wird eröffnet.

1905 Der mallorquinische Fremdenverkehrsverband »Foment de Turisme« wird gegründet.

1936–1939 Im Spanischen Bürgerkrieg nutzt Franco die Balearen als Truppenstützpunkt.

1945 Der berühmte Maler Joan Miró lässt sich auf Mallorca nieder.

1956 Bau des ersten Flughafens bei Son Bonet.

Beginn des Massentourismus in den 1960er-Jahren oder die 5. Invasion.
Mehr als 1 Mio. Touristen besuchen die Insel. Als Folge kommen die Festlandspanier, vornehmlich aus Südspanien, die forasters (was »Fremde von draußen« bedeutet). Sie werden als Arbeitskräfte in der wachsenden Tourismusindustrie benötigt.

Los Alemanes und der Witz vom »17. Bundesland« oder die 6. Invasion
Millionen von Deutschen besuchen die Insel; immer mehr träumen vom Lebensabend an südlichen Stränden und verwirklichen dies auch. Zum Jahrtausendwechsel waren 20 % der Insel in deutschem Besitz. Deutsche und andere Mitteleuropäer kaufen Ferienhäuser, Fincas, Apartments und bleiben nicht nur als Kurzbesucher auf der Insel. Die Regierung plant bereits die Umbauten von obsoleten Hotels in Apartments oder Wohnungen für den aufblühenden Residenzialtourismus.

Kleidung und Ausrüstung

Neben normaler kurzer Radhose und kurzem Radtrikot sollte von Mitte Oktober bis Mitte April immer etwas Langes und Warmes mitgenommen werden. Auf jeden Fall gehört eine

Seglermekka Cala d'Or

leichte Windjacke mit ins Gepäck. Handschuhe, Brille und Helm, der übrigens gesetzlich Pflicht ist, sollten nicht vergessen werden. Radschuhe verbessern nicht nur die Sicherheit, sondern auch entscheidend die Kraftübertragung. Im Sommer ist ein Trinkrucksack fast unverzichtbar.
Auf einigen Abfahrten ist es ratsam, Protektoren zu benutzen.
Regenbekleidung benötigt man nur von November bis Mitte März.

In Sachen Ausrüstung empfehlen wir ein Standardfaltwerkzeug, Reifenheber, Pumpe, Flickzeug, Ersatzschlauch und ein kleines Erste-Hilfe-Set. Um Ersatzteile braucht man sich nicht zu sorgen, da die Bikeshops flächendeckend vertreten und in der Regel auch gut sortiert sind.

Wer nicht als Guiri (unbedachter Ausländer – dummer Tourist) abgestempelt werden möchte, sollte weder in Badekleidung durch die Dörfer spazieren noch die Inselhauptstadt oder geschichtsträchtige Kulturstätten in unangemessener Kleidung besuchen.

Klima

Mallorca hat ein mildes, subtropisches Klima. Milde kurze Winter stehen im Kontrast zu heißen Sommern mit durchschnittlich 7,9 Sonnenstunden und geringen Niederschlagsmengen (1500 mm pro Quadratmeter im Norden, 400 mm im Süden).

Kunst

Wer die kreativen Seiten der Insel sucht und erleben möchte, bekommt das Gefühl, bei Weitem nicht das komplette Kulturleben erfassen zu können, so breit gefächert ist das Angebot. Allein im Zentrum der Hauptstadt Palma konzentrieren sich unzählige Kulturzentren. Das ist nur ein Vorgeschmack, denn inzwischen gibt es kaum mehr Dörfer oder Städte, die nicht in den letzten Jahren Kultur und Kunst zu ihrem Aushängeschild gemacht haben.

Kultur und Handel kennzeichnen das Mittelmeer und somit auch Mallorca aufgrund seiner strategisch günstigen Lage. Dies spiegelt sich auch in Mallorcas bewegter Geschichte wider, die jeden begeistern wird, der auf der Insel den Nachhall vergangener Zeiten sucht.

Von der Megalithkunst bis hin zum blühenden gotischen Städtebau und den Spuren des Neoklassizismus italienischer Ausprägung der kleinen Paläste oder Landhäuser: Mallorca ist ein großes Schaufenster aller Zivilisationen, die irgendwann einmal vollständig oder teilweise das Mittelmeer beherrscht haben.

Kriminalität

Mallorca ist eigentlich, insgesamt gesehen, recht sicher. Grundsätzliche Vorsichtsmaßnahmen sind wie in jedem Urlaubsgebiet zu treffen. Wertsachen sollten weder im Auto noch in der Satteltasche deponiert werden.
Hochwertige Bikes sollten nie unbeaufsichtigt geparkt werden.
Berüchtigt sind die Nelkenfrauen. Vorsicht daher, wenn Ihnen auf der Straße freundlich Blumen zum Kauf angeboten werden. Während des Palavers wird trickreich in die Geldbörse gegriffen.
Vorsicht auch bei Hütchenspielern. Das Mitspielen lohnt sich nicht! Sie verlieren garantiert.
Auch beim Ziehen von Bargeld aus Bankautomaten ist es besser, auf »freundliche Helfer« zu verzichten.
In den meisten Hotels ist es möglich, Wertsachen in Mietsafes auf dem Zimmer aufzubewahren.

Nach dem Biken – Sonne, Meer und weißer Sand . . .

Markthallen
Die bunte Vielfalt macht den Besuch einer Martkhalle Palmas zu einem besonderen Erlebnis für Augen, Ohren und Gaumen: Frische Fische und Meeresfrüchte, Obst und Gemüse erntefrisch vom Bauern.

Mercat Olivar
Mitten in Palma, riesengroß, nahe der Plaza España. Mo–Sa von 7.00 – 14.00 Uhr geöffnet.

Mercat Santa Catalina
Der kleine, feine Gourmetmarkt. Liegt zwischen Carre Pursiana und de Annibal. Mo–Sa von 7.00–9.00 Uhr geöffnet.

Mietwagen
Das Angebot an Mietwagen ist groß und daher relativ preisgünstig. Meistens sind internationale Anbieter etwas teurer als einheimische Vermieter. Zu empfehlen ist bei Individualanreise die Miete eines Wagens direkt vom/zum Flughafen.

Öffnungszeiten
Grundsätzlich öffnen die Geschäfte zwischen 9.00/9.30 Uhr und 13.00/ 14.00 Uhr und von 16.00/17.00 Uhr bis 20.30/21.00 Uhr. Viele Läden lassen auch am Samstagnachmittag die Tore auf. Bei den großen Kaufhäusern und den Supermärkten gibt es meist keine Mittagspause. Oft haben sie bis 22.00 Uhr geöffnet.

In den Ferienzentren haben viele Geschäfte und Supermärkte auch sonntags geöffnet.

Palma
376 000 Einwohner
Die architektonischen Glanzlichter der Stadt stammen meist aus der Zeit der Gotik. Besonders bezaubernd sind die Bauten des »modernisme«, der katalanischen Variante des

Sehenswert – Innenhöfe im Zentrum vom Palma

Wahrzeichen – Kathedrale von Palma

Jugendstils. Die Altstadt von Palma wird von großen Boulevards begrenzt, den sogenannten Avingudes, die dort verlaufen, wo bis 1902 die Stadtmauer stand.
Die Altstadt ist durch viele enge und verwinkelte Gässchen, historische Paläste und beeindruckende Renaissancebauten mit vielen barocken Elementen geprägt. Hineinschauen muss man in die vielen Patios der Stadthäuser, die malerisch um einen meist viereckigen Innenhof angelegt sind. Der Schönste ist in Can Oleza Nr. 9. Die Hafenstadt wird baulich dominiert von der Kathedrale La Seu und der Basilika Sant Francesc. Das Castell de Bellver, eine runde Festung, und das Es Baluard, ein zeitgenössisches Museum, überragen die Stadt. An den früheren Reichtum der Hafenstadt erinnert die ehemalige Seehandelsbörse *La Lonja* (heute Kunst- und Ausstellungsfläche).

Informieren Sie sich bei der Touristeninformation über Ausstellungen in den unzähligen Galerien und Museen, über Musikveranstaltungen etc. Wer seinen Einblick vertiefen möchte, kann an thematisch geordneten Rundgängen teilnehmen, die die Stadtverwaltung anbietet. An unterschiedlichen Wochentagen finden diese Führungen auch auf Deutsch statt (Tel.: 636 43 00 00)

Beispiele:
- Die Stadt und das Meer
- Das jüdische Palma
- Das Kapuzinerkloster in Palma
- Jugendstil
- Die wichtigsten Sehenswürdigkeiten

Die Stadt bezieht ihre Anziehungskraft aber nicht nur durch die beeindruckenden Bauwerke, Museen und Theater. Es sind auch die Cafés, kleinen Restaurants und Tapas-Bars. Der Besuch der belebten Einkaufsstraßen (Fußgängerzone) sowie der Borne oder der Av. Jaime III. ist ein »Muss«. Und dann gibt es ja noch die Yachthäfen mit dem Paseo Marítimo (Promenade am Meer) und die Masten der Segelyachten, die dem Stadtbild einen unverwechselbaren Charakter geben. Für einen Palma-Besuch sollte man schon mindestens einen bikefreien Tag einplanen!
Informationen bekommen Sie auch kostenlos in den Fremdenverkehrsbüros der Stadt Palma.

Bikermahlzeit

Restaurant

Bei einem Restaurantbesuch sollte man sich nicht gleich an irgendeinen Tisch setzen, sondern warten, bis man vom Personal einen Tisch zugewiesen bekommt. Um auf Nummer sicher zu gehen, empfiehlt es sich, in beliebten Restaurants vorher einen Tisch zu reservieren.

Beim Bezahlen lässt man sich das Wechselgeld zurückgeben und lässt dann – je nachdem wie zufrieden man mit Essen und Service war – zwischen 5 und 10 % Trinkgeld auf dem Zahlteller liegen.

Als Gruppe unterwegs, bekommt man grundsätzlich eine Sammelrechnung. Auf Einzelabrechnung ist kein Restaurant vorbereitet. Detailliertes Auseinanderrechnen der Beträge gilt als kleinkariert.

In vielen Restaurants gibt es vor allem mittags meist ein Menü (menú), das aus mehreren Gängen besteht und deutlich preiswerter ist als das Bestellen â la carte. Innerhalb des Menüs besteht die Möglichkeit, bei jedem einzelnen Gang zwischen verschiedenen Gerichten zu wählen. Im Preis inbegriffen sind zumeist Wein und Wasser oder gaseosa (span. Limonade).

In den Urlaubsorten sind die Essenszeiten mitteleuropäischen Gepflogenheiten angepasst. Die Einheimischen speisen mittags kaum vor 14.00 Uhr und abends kaum vor 21.00 Uhr. So ist in einheimischen Restaurants die Anwesenheit des Kochs vor 13.00 Uhr mittags und vor 20.00 Uhr abends nicht zu erwarten.

Sprache

Die Sprache ist Hauptfaktor der Identität des mallorquinischen Inselvolkes.

Der Besucher, der einen Reiseführer, eine Mallorca-Karte aufschlägt oder sich auf der Insel entlang der Ortsschilder und Straßennamen zu orientieren versucht, merkt schnell, dass unterschiedliche Sprachen am Werk sind, und gerät in Verwirrung.

Sa Pobla heißt *La Puebla*, Port d'Alcúdia auch *Puerto de Alcudia*. Llucmajor schreibt sich auch *Lluchmayor*, Peguera auch *Paguera*, einmal sieht man Aeroport, dann *Aeropuerto* (Flughafen) bzw. Port und Puerto (Hafen) etc. Kleine Unterschiede, die nicht nur vor geschichtlichem Hintergrund von Bedeutung sind. Vielmehr geht es um die Identität des Inselvolkes. Man spricht Mallorquí (Mallorquinisch) und wehrt sich dabei auch gegen die Bezeichnung Katalanisch oder gar Spanisch.

In vielen Regionen Spaniens wird nicht nur das Kastilische (Catellano), das wir im Volksmund »Spanisch« nennen, gesprochen. So werden z. B. in Galicien auch das Galicische, im Baskenland und Navarra das Baskische und in Katalonien, auf den Balearen und in Valencia das Katalanische als erste Amtssprachen gesprochen. Katalanisch ist zwar eine Minderheitensprache, aber mit 8 bis 10 Mio. Sprechern keine kleine Sprache. Sehr viele europäische Sprachen haben sehr viel weniger Sprecher, wie z. B. das Dänische, Finnische, Norwegische etc.

Kastilisch und Katalanisch sind zwar Verwandte, sie gehören zu den romanischen Sprachen, ähneln sich aber genauso wenig oder so viel wie das Italienische, Französische und Portugiesische. Für uns verständlicher und vergleichbar ist der Unterschied zwischen Deutsch und Niederländisch. Jeder Deutschsprecher versteht aufgrund der Sprachenverwandtschaft auch etwas Niederländisch, aber man merkt sehr schnell, dass es zwei verschiedene Sprachen sind, keine dialektalen Varianten.

Mallorquin wiederum ist ein Dialekt des Katalanischen.

Katalanisch und somit das Mallorquin haben in der Geschichte traumatische Rückschläge hinnehmen müssen. Dies gipfelte nach dem Bürgerkrieg unter der Franco-Diktatur darin, dass das Katalanische gänzlich verboten wurde.
Da man dem Volk jedoch nicht den Mund verbieten kann, wurde es zwar weiterhin zu Hause und im Alltag gesprochen, aber eben weder an den Schulen gelehrt noch in den Medien verwendet. Für alles Offizielle wurde das Kastilische benutzt.
Erst die Wiedereinführung der Demokratie beendete diesen absurden Zustand. Heute bilden Mallorca, Menorca und Ibiza mit Formentera die autonome Region Illes Balears (Balearische Inseln), deren Landesverfassung das Katalanische bzw. für Mallorca das Mallorquinische als die Landessprache nennt. Kastilisch ist Staatssprache Spaniens und damit die zweite Amtssprache auf den Balearen.

»No som Espanyols« – »Wir sind keine Spanier« sieht man noch immer an alten Mauern und Häusern aufgesprüht.

Telefonieren
Bei Anrufen nach Mallorca 0034 + die Nummer mit gesamter Vorwahl.
Bei Anrufen von Mallorca nach
Deutschland 0049 + Vorwahl ohne Null + Nummer
Österreich 0043 + Vorwahl ohne Null + Nummer
Schweiz 0041 + Vorwahl ohne Null + Nummer

Trinkwasser
Zum Zähneputzen ist Leitungswasser durchaus geeignet, aber es sollte nicht getrunken werden. Günstige 5-Liter-Behälter erhalten Sie in Supermärkten.

Umweltschutz

Umweltschutz spielt auf Mallorca eine bedeutende Rolle. Die Insel besitzt diesbezüglich eine in Spanien führende Position. Das klingt zunächst merkwürdig, denn die Bausünden und die damit einhergegangene Zerstörung der Natur sind offensichtlich.

Jedoch konnte die Umweltorganisation GOB viele Erfolge verzeichnen: Die Bebauung des Naturstrandes Es Trenc wurde verhindert. Die kleine Insel Cabrera vor der Südostküste wurde zum Nationalpark. Die Insel Dragonera bleibt weiterhin nur von Vogelkolonien bewohnt und wurde nicht mit Yachthafen und De-luxe-Urbanisation bestückt. Insgesamt stehen 40 % der gesamten Fläche Mallorcas unter Naturschutz.

Die viel umstrittene Umweltabgabe, die sogenannte Ecotasa, wurde 2002 eingeführt und auch gleich wieder abgeschafft. Mit dem über Jahre kontrovers geführten Streit über die Ecotasa gelang es aber immerhin, das Thema »Umweltschutz« in der öffentlichen Diskussion zu halten. Um Touristen wie Einheimische an der Finanzierung von Umweltprojekten zu beteiligen, hat man sich nun die »Grüne Karte« ausgedacht, deren Erwerb freiwillig ist.

Den Problemen der Wasserversorgung bzw. des Umgangs mit dieser auf Mallorca knappen Ressource, der Abwasserbeseitigung, der Müllentsorgung bzw. -verwertung und der Energieerzeugung/-einsparung gilt heute erhebliche Aufmerksamkeit. Dabei spielt auch eine Rolle, dass man den Umweltschutz als Werbeargument für Mallorca entdeckt hat.

Wasserversorgung

Die Wasserversorgung Mallorcas ist das größte Dauerproblem der Insel. Nicht aber der Tourismus und die Bevölkerung verbrauchen mit ca. 30 % des meiste Wasser, sondern die Landwirtschaft mit 60 %. Ein bis zwei

Porto Colom

Prozent werden in der Industrie und ein Prozent zur Golfplatzbewässerung verbraucht. 20 Prozent versickern im defekten Leitungsnetz.
Momentan ist man dabei, die größte Quelle der Insel, »Sa Costera«, deren erstklassiges Wasser kubikmeterweise ins Meer nördlich von Port de Sóller abfließt, für die Wasserversorgung der Insel heranzuziehen. Eine Unterwasserpipeline durch die Bucht von Sóller ist nun im Bau.

Laternenfischer

Wasser

Das häufig kristallklare Wasser an Mallorcas Stränden ist nicht nur optisch sauber. Die alljährlich erhobenen Wasserdaten bezeugen die sehr hohe Qualität.
Viele Kläranlagen sorgen für ein hohes Klärniveau. Ungeklärt ins Meer gespült werden momentan eigentlich »nur« noch die Abwässer von Booten der vielen Freizeitskipper und Fischer.

Wirtschaft

10,5 Mio. Touristen prägen die Wirtschaft. Der Flughafen Son Sant Joan fertigt rd. 20 Mio. Fluggäste ab. Die Zahl der gemeldeten Hotelbetten beläuft sich auf ca. 286 500 in 1 600 Hotelanlagen. Hinzu kommt eine geschätzte Dunkelziffer von 100 000 unangemeldeten Betten.
Haupteinnahmequelle der Insulaner ist der Dienstleistungsbereich (75 %), und das erwirtschaftete Pro-Kopf-Einkommen liegt mit 17 000 Euro deutlich

Schattenspender in Reih und Glied

über dem spanischen Durchschnitt (13 500 Euro). Weitere Arbeitsplätze liefert die Bauindustrie (10 %) und die Landwirtschaft (11 %). Weitere Wirtschaftszweige sind Fischerei, Bergbau, Leder-, Keramik-, Perlen- sowie Glasherstellung. Nahezu drei Viertel der Insel sind landwirtschaftliche Nutzfläche.

Wochenmärkte

Trotz der Touristenströme im Hochsommer vermittelt ein Marktbesuch ein gutes Bild von der mallorquinischen Lebensweise. Besonders der Mittwochs-Markt in Sineu zeigt die wichtige Rolle der Märkte für die einheimische Bevölkerung. So verwandelt sich der normalerweise ruhige, fast verschlafene Ort praktisch über Nacht in einen Markt mit Rummel, Trubel und einem Riesenangebot.
Aber auch die weiteren Märkte der Insel bieten – jeder auf seine Art – einen lebhaften Einblick in die Alltagswelt der Inselbewohner.

Markttage

Montag:
Caimari, Calvià, Manacor, Sóller, Montuïri; in Palma: Plaça Mayor

Dienstag:
Alcúdia, Artà, Campanet, Alqueria Blanca, Llubí, Porreres, Santa Margalida, Sóller; in Palma: Plaza Olivar und Pere Garau

Mittwoch:
Andratx, Capdepera, Colònia Sant Jordi (nachmittags), El Arenal, Sineu mit Tiermarkt

Donnerstag:
Ariany, Campos, Can Pastilla, Consell, Inca, Pòrtol, Sant Joan, Sant Llorenç, Ses Salines, Sóller; in Palma: Plaza Olivar, Plaza Pere Garau

Freitag:
Alaró, Algaida, Binissalem, Ca'n Picafort, Llucmajor, Maria de la Salut

Samstag:
Alaró (vormittags), Santa Maria, Campos, Bunyola, Cala Rajada, Costix, Esporles

Sonntag:
Felanitx, Llucmajor, Muro, Pollenca, Portocristo, Sa Pobla, Santa Maria, Valldemossa, Kunstmarkt in Binissalem, Flohmarkt in Consell

Markttrubel

Im Folgenden ein paar Wörter, denen man unterwegs immer wieder begegnen wird:

Spanisch (Kast.)	Mallorquin (Kat.)	Deutsch
abierto	obert	geöffnet
atalaya	talaia	Wachturm
aeropuerto	aeroport	Flughafen
avenida	avinguda	Allee
autopista	autopista	Autobahn
ayuntamiento	ajuntament	Rathaus, Gemeinderat
bahía	badia	Bucht
balneario	balneari	Badeort mit Infastruktur
barranco	barranc	Schlucht
barrio	barri	Stadtviertel
casa de Pedro	ca'n Pere	Haus von Peter
casa de Maria	ca'na Maria	Haus von Maria
cabo	cap	Landspitze
cala	cala	kleine Bucht
calle	carrer	Straße
camino	camí	Weg
castillo	castell	Burg
cementerio	cementerí	Friedhof
cima – pico	puig	Berggipfel
convento	convent	Kloster
costa	costa	Küste
cruz	creu	Kreuz
cueva	cova	Höhle
entrada	entrada	Eingang
ermita	ermita	Einsiedelei
estación	s'estació	Bahnhof
fuente	font	Quelle
isla	illa	Insel
jardín	jardí	Garten
monasterio	monastir	Kloster
municipio	municipi	Gemeinde
paseo	passeig	Promenade
palacio	palau	Palast
patio	pati	Innenhof
playa	platja	Strand
plaza	plaça	Platz
puerto	port	Hafen
roca	roque	Fels
sierra	serra	Gebirgskette
talayot	talaiot	prähistorisches Bauwerk
tienda	butiga	Laden
torrente	torrent	Sturzbach
valle	vall	Tal

Tour 1: La Victòria

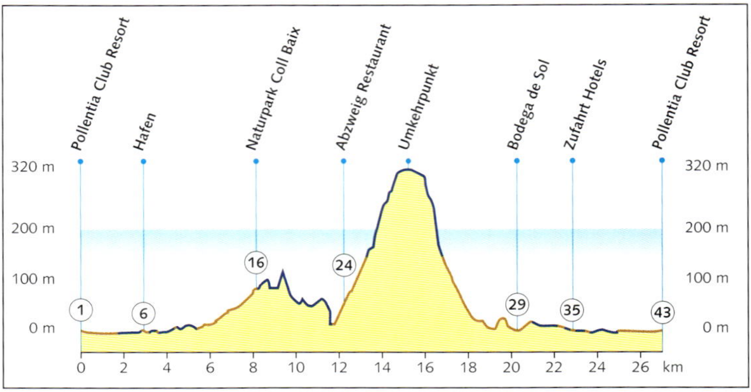

max. Höhe 323 m – ø Steigung 7 % – max. Steigung 22 %

Tour-Infos:

Länge: 26,41 Kilometer
Höhendifferenz: 592 m
Zeit: 2 Stunden 30 Minuten
Kurzkommentar: Wunderschöne Küstentour immer entlang des Wassers. Der Anstieg vom La Victòria bis zum Fuß des Talaia d'Alcúdia hat es in sich. Gut mit einem Bad im Meer kombinierbar.

Schwierigkeitsgrad: ✲✲✲✲
Fahrtechnik: ✲✲✲
Kondition: ✲✲✲✲
Panorama: ✲✲✲✲✲
Einkehr/Rast: Restaurant/ Bar S'Illot, Bodega de Sol
Untergrundanteil: Asphalt: 13,62 km, *Schotter:* 12,79 km, *Trails:* 0,00 km, *Tragest.:* 0,00 km

Anfahrt

Aus Richtung Palma fahren Sie von der Autobahn ab auf die C713 Richtung Alcúdia. Am Ortseingang von Alcúdia aus einem Kreisverkehr links heraus in Richtung Pt. Pollença. Direkt an der Uferstraße bei KM 2.5 erreichen Sie das Pollentia Club Resort und können hier das Auto bequem parken.

Startplatz

Direkt an der Bushaltestelle des Pollentia Club Resort in Richtung Alcúdia. Alternativ kann auch an der Abfahrt von der Hauptstraße PM-222 gestartet werden.

Hintergrundinfo

Die Ermita de la Victòria ist eine schlichte Wallfahrtskirche mit einem Barockaltar und der Statue der siegreichen Muttergottes Mare de Deu de la Victòria, deren Verehrung auf das 13. Jahrhundert zurückgeht. Nach der Legende überfielen 1551 nordafrikanische Piraten die Einsiedelei und raubten die Madonna, die am nächs-

Gute Laune macht stark!

ten Tag aber wieder an ihrem Platz stand. Sieben Jahre später wiederholte sich dieses Ereignis, und wieder befand sich einen Tag darauf die Muttergottes an ihrem angestammten Platz. 1694 wurde dann an diesem Platz die heutige Kirche errichtet.

Der Weg zur Kirche führt durch die ehemaligen Fischeransiedlungen von Es Bacares und Es Mal Pas, die heute die Sommerresidenzen für viele Mallorquiner darstellen. Aber auch so mancher Extranjero (Ausländer) hat hier sein Sommeranwesen. Die Ausblicke, die sich uns hier bieten, müssten eigentlich in jedem Mallorcakatalog erscheinen, so beeindruckend schön sind sie. Das letzte Stück nach der Ermita ist das steilste und anstrengendste auf der ganzen Tour. Zum Glück bieten die den Pfad säumenden Kiefern auch ein bisschen Schatten, sodass man die Tour das ganze Jahr gut fahren kann. Auf dem Rückweg sollte man auf jeden Fall einen kurzen Stopp in der Bar S'Illot machen. Man sitzt hier fast direkt an der Steilwand, hat einen atemberaubenden Blick über die gesamte Bucht von Pollença und kann auch in der dazugehörenden Bucht mit eigener kleiner Insel baden gehen. Bei großem Hunger ist die frisch gemachte Fischpaella wärmstens zu empfehlen.

Steil, aber lohnend …

La Victòria 26,41 km 592 hm 2 Std. 30 Min.						
Nr.	km	hm	Sy	Ort	Richtung	Untergr.
1	0,00	0		Pollentia Club Resort Bushaltestelle, Carretera Alcúdia – Pt. Pollença, km 2	Alcúdia	Asphalt
2	1,22	1		hinter Geschwindigkeitsbegrenzungsschild »70« Achtung, Fußgänger	links, in Carrer de Canet del Rosselló	Asphalt
3	1,50	0		Trafohäuschen, Schild Sackgasse	links, zum Meer	Asphalt
4	1,64	1		Wendehammer	rechts, wir halten uns jetzt immer parallel zum Ufer	Schotter, Sand
5	2,77	5		Stufen, Passeig de Voramar	Stufen rechts hochfahren, zum Hafen	Asphalt
6	2,89	1		Hafen	geradeaus	Asphalt
7	3,08	2		Telefonzelle	links, in Fußweg	Steinplatten
8	3,44	2		Straße	geradeaus, zum Hotel Panoramic	Asphalt
9	3,63	1		Hotel Panoramic	rechts, in Fußweg, immer parallel zum Ufer bleiben	Schotter, Sand
10	4,16	3		Carrer de Miramar	auf der Straße weiter geradeaus	Asphalt
11	4,38	7		Straßengabelung	links, zum Wasser	Asphalt
12	4,45	6		Wendehammer	rechts, in den Wald	Waldboden, Fels
13	4,69	11		Zaun	rechts und gleich wieder links am Zaun entlang	Waldboden, Fels
14	5,37	7		Straße	links	Asphalt
15	6,04	19		Kreuzung »Bodega de Sol«	geradeaus, in Camí de la Muntanya	Asphalt
16	8,01	73		Eingang zum Naturpark Coll Baix, Schild Vedat Fundació	links, in steilen Schotterweg an der Kette vorbei	Schotter
17	8,89	78		Gabelung	halb links	Schotter
18	9,67	64		Gabelung	links	Schotter
19	10,54	46		Gabelung	rechts	Schotter
20	10,61	51		Abzweig/Gabelung	links, später den Weg kreuzenden Graben geradeaus queren	Schotter
21	11,42	9		Gabelung	links, zur Straße	Schotter, Asphalt
22	11,45	13		Straße (Zufahrt zur Herberge)	rechts, zur Hauptstraße	Asphalt

23	11,49	11		Hauptstraße, Stoppschild	rechts	Asphalt
24	12,14	65		Abzweig/Schild Restaurant Mirador La Victòria	rechts, zum Restaurant	Asphalt
25	12,90	131		Parkplatz, Schild Einbahnstraße – Einfahrt verboten	links, kurz darauf am Schlagbaum vorbei und weiter Weg folgen	Schotter
26	14,72	320		kleine Ebene am Fuß des Gipfels	Umkehrpunkt, gleichen Weg zurück	Schotter
27	16,50	137		Einfahrt zum Parkplatz	rechts, Straße folgen	Asphalt
28	17,24	76		Gabelung mit Stoppschild	hart links, abwärts	Asphalt
29	20,37	31		Kreuzung Bodega de Sol/ Stoppschild	hart rechts, dann gerade dem Straßenverlauf folgen	Asphalt
30	21,07	20		Schotterabzweig vor Kurve	rechts, in Schotterweg, dann immer den Zaun entlang	Schotter
31	21,80	22		Gabelung	geradeaus	Schotter
32	21,99	8		Wendehammer	links, aus dem Wendehammer heraus	Asphalt
33	22,04	9		Abzweig	rechts	Asphalt
34	22,27	2		Einbahnstraßenschild – Verbotene Einfahrt	geradeaus, auf den Uferweg	Schotter
35	22,79	7		Hotelzufahrtsstr. zu den Hotels »Panoramic« und »More«	links, Straße folgen	Asphalt
36	22,97	2		Straßengabelung	geradeaus, über die Straße in Uferfußweg	Stein
37	23,33	9		Straße mit Telefonhäuschen links	rechts	Asphalt
38	23,51	2		Kreuzung mit Schild »Port Es Barcarès«	geradeaus	Asphalt
39	23,64	5		Wendeplatz, kleiner gestufter Zugang zum Meer	zum Meer runter, dann links dem Uferverlauf folgen	Schotter
40	24,78	0		gelbes Haus mit Schild »Passeig de Voramar«	links, in Wendehammer rechts, bis zur Hauptstraße, dann geradeaus	Asphalt
41	24,91	0		Kreuzung mit Stoppschild	links, bis zur Hauptstraße	Asphalt
42	25,19	1		Hauptstraße	rechts	Asphalt
43	26,41	1	•	Bushaltestelle Pollentia Club Resort	Ziel	

Tour 2: Talaia d'Alcúdia

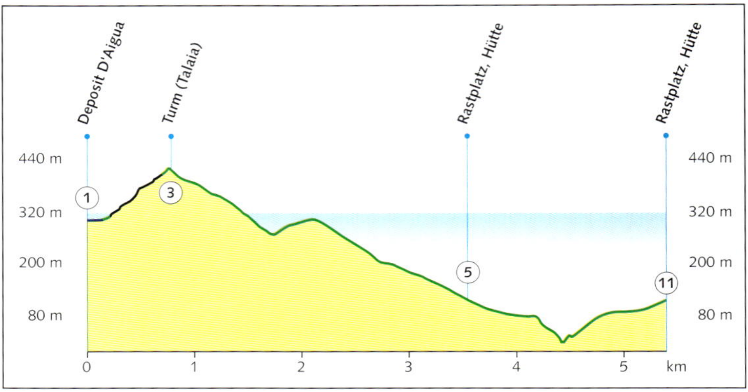

max. Höhe 425 m – ø Steigung 8 % – max. Steigung 22 %

Tour-Infos:

Länge: 33,28 Kilometer
Höhendifferenz: 833 m
Zeit: 3 Stunden 40 Minuten
Kurzkommentar: Vielseitiger geht es kaum noch, und das bezieht sich auf alle Facetten dieser Tour. Untergrund von Asphalt bis zu groben, verblockten Bergpfaden, das Ganze einmal steil bergauf und dann wieder bergab.
Sogar eine kleine Tragepassage muss man in Kauf nehmen. Wer hier gut über den Berg kommen will, sollte fahrtechnisch höchst versiert sein.
Also mit Sicherheit nichts für Anfänger. Und was zeichnet eine Tour mehr aus als der Kommentar des BIKE-Fahrtechnik-Spezialisten Stefan Herrmann: »Das ist die schönste Runde, die ich weltweit kenne.« Zumindest ein Hinweis, dass man hier viel üben und lernen kann.
Gleichzeitig präsentiert sich ein Panorama wohl kaum zu überbietender Naturschönheit.

Schwierigkeitsgrad: ✲✲✲✲✲✲
Fahrtechnik: ✲✲✲✲✲✲
Kondition: ✲✲✲✲✲
Panorama: ✲✲✲✲✲✲

Einkehr/Rast: Bodega de Sol
Untergrundanteil: Asphalt: 11,38 km, *Schotter:* 16,53 km, *Trails:* 4,85 km, *Tragest.:* 0,52 km

Anfahrt

Aus Richtung Palma von der Autobahn ab auf die C713 Richtung Alcúdia. Am Ortseingang von Alcúdia aus einem Kreisverkehr links heraus in Richtung Pt. Pollença fahren. Direkt an der Uferstraße bei KM 2.5 erreichen wir das Pollentia Club Resort und können hier das Auto bequem parken.

Startplatz

Direkt an der Bushaltestelle des Pollentia Club Resort in Richtung Alcúdia. Alternativ kann auch an der Abfahrt von der Hauptstraße PM-222 gestartet werden.
Die abgebildete Strecke stellt nur die Verbindung der Tour 1 (gefahren bis Punkt 26) mit der Tour 3 (folgen ab Punkt 21) dar.

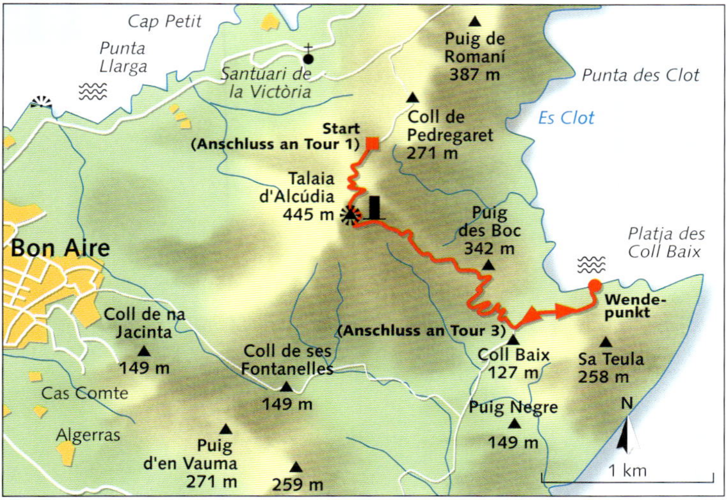

Hintergrundinfo
Wer sich bis jetzt noch nicht gefragt hat, wozu die vielen kleinen Türme (Talaias) auf Mallorca verstreut sind, will diese Frage spätestens auf dieser Tour beantwortet wissen, denn mitten in der unberührt scheinenden Natur taucht er plötzlich auf, der Talaia d'Alcúdia. Wie die meisten der Talaias stammt er aus der Zeit etwa des 16. Jahrhunderts und war Teil eines Warnsystems, um die Bevölkerung Mallorcas vor den zahlreichen Überfällen, vor allem von Piraten, zu schützen. Insgesamt gab es einst 85 dieser Türme rund um die Insel, und alle an exponierten Stellen. Aus heutiger Sicht mit wahren Traumausblicken gesegnet, hatte man damals eher ernstere Dinge im Kopf. Sichtete man ein Piratenschiff, gab man tagsüber mit Rauchzeichen und nachts durch Feuer Nachricht an den nächsten Talaia. Turm um Turm wurde die Nachricht weitergegeben, bis sie den Zentralturm in Palma erreichte. Von dort wurden dann berittene Truppen in die angegriffene Region ge-

Hier ist Fahrtechnik gefragt

Beginnen Sie die Tour mit dem Roadbook der Tour 1 und folgen Sie der Beschreibung bis zum Punkt 26. 30 m (KM 14.69) vor der in Punkt 26 beschriebenen kleinen Ebene befindet sich auf der rechten Seite der große grüne Wasserlöschtank. Hier stellen Sie bitte Ihren Computer auf null und folgen der unten aufgeführten Beschreibung.

Talaia d' Alcúdia 33,28 km 833 hm 3 Std. 40 Min.

Nr.	km	hm	Sy	Ort	Richtung	Untergr.
1	0,00	300		Hauptweg, auf Höhe grünem Wassertank »Deposit D'Aigua«	geradeaus, dem Hauptweg folgen, der kurz danach in Trail übergeht	Schotter/ Fels
2	0,68	396		Abzweig mit Wanderweg-schild	geradeaus, Richtung Talaia d'Alcúdia	Schotter/ Fels
3	0,84	421		Turm (Talaia)	umkehren	Schotter/ Fels
4	0,98	396		Abzweig mit Wanderwegschild	rechts, Richtung Platja des Coll Baix	Schotter/ Fels
5	3,53	117		Rastplatz mit Hütte	links, Richtung Platja des Coll Baix	Schotter/ Fels
6	3,96	82		Gabelung	geradeaus, oben bleiben	Waldboden/ Fels
7	3,98	83		Gabelung	links, abwärts	Waldboden/ Fels
8	4,35	29		Gabelung	hart rechts, abwärts	Schotter/ Fels
9	4,44	15		kleines Holzgeländer aus Ästen	umkehren	Schotter/ Fels
10	4,52	27		Abzweig	links, aufwärts	Waldboden/ Fels
11	5,37	118	•	Rastplatz mit Hütte		

Folgen Sie jetzt dem Roadbook der Tour 3 ab Punkt 21 (Umkehrpunkt) bis zum Ziel.

sandt. Die Dorfbewohner mussten also nur kurze Zeit ohne Unterstützung den Angriff abwehren. Bis Ende des 19. Jahrhunderts wurde diese Nachrichtentechnik genutzt, dann gingen die Türme an das Verteidigungsministerium, von dort ans Finanzministerium über, bis sie schlussendlich versteigert wurden.
Dreißig von ihnen verschwanden danach völlig von der Bildfläche, und die übrigen stehen heute als besonders schöne Aussichtspunkte, den Bikern, Wanderern – und der Verwitterung zur Verfügung.

Konzentriert bergab

Karge Küstenlandschaft

3

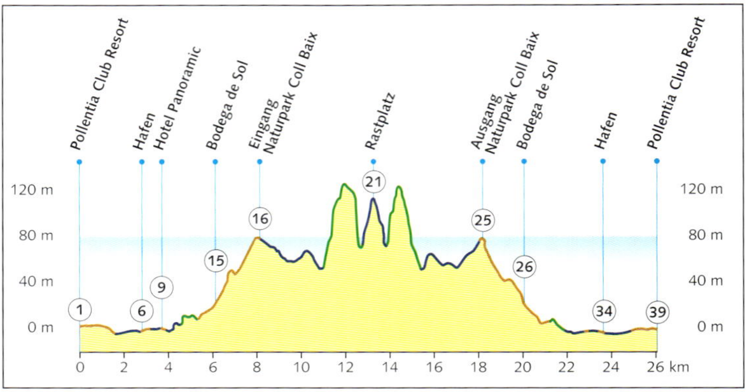

max. Höhe 127 m – ø Steigung 6 % – max. Steigung 18 %

Tour-Infos:

Länge: 26,5 Kilometer
Höhendifferenz: 445 m
Zeit: 2 Stunden
Kurzkommentar: Wir fahren direkt am Meer, vorbei an einem kleinen Fischereihafen, in das Naturschutzgebiet des Talaia d' Alcúdia. Auf dem Camí del Coll Baix, einem breiten Schotterweg, geht es gut voran. Der abzweigende anspruchsvolle Singletrail führt uns fast direkt bis zum Coll. Tipp: Hier das Bike stehen lassen, zu Fuß in die Traumbucht wandern und ein Bad nehmen. Gute Tour für den ersten Tag oder zum Lockerwerden.

Schwierigkeitsgrad: ✲✲✲
Fahrtechnik: ✲✲✲
Kondition: ✲✲✲
Panorama: ✲✲✲✲✲

Einkehr/Rast: Bodega de Sol
Untergrundanteil: Asphalt: 10,09 km, *Schotter:* 11,67 km, *Trails:* 4,71 km, *Tragest.:* 0,00 km

Anfahrt
Aus Richtung Palma von der Autobahn abfahren auf die C713 Richtung Alcúdia. Am Ortseingang von Alcúdia aus einem Kreisverkehr links heraus in Richtung Pt. Pollença. Direkt an der Uferstraße bei KM 2.5 erreichen wir das Pollentia Club Resort und können hier das Auto bequem parken.

Startplatz
Direkt an der Bushaltestelle des Pollentia Club Resort in Richtung Alcúdia. Alternativ kann auch an der Abfahrt von der Hauptstraße PM-222 gestartet werden.

Hintergrundinfo
Die Halbinsel von Alcúdia ist im Gegensatz zu ihrem Gegenüber, der Halbinsel Formentor, immer noch ein Geheimtipp. Das liegt sicher daran, dass sie in den einschlägigen Reiseführern bisher wenig Beachtung findet. Der Weg zum Coll Baix ist ein sehr guter Querschnitt der Geländebeschaffenheit Mallorcas. Immer wieder genießt man beeindruckende Ausblicke auf die gegenüberliegenden Felsufer von Formentor auf der einen und Betlem auf der anderen Seite. Dazwischen steht die Weite des Meeres. Auf den einsamen Fincawegen spürt

man sehr intensiv, dass man sich auf einer Insel befindet. Nachdem man zunächst die ehemaligen Fischersiedlungen Es Bacares und Es Mal Pas passiert und hier und dort mit den kleinen Bootsstegen und einem winzigen Hafen noch Zeichen dieses ehemals dominierenden Berufszweiges findet, führt der Weg an einem Ruinenfeld, dem Castell Manresa, vorbei und bietet gleichzeitig eine gute Aussicht auf die Bucht von Pollença, die Cala Pi, mit dem berühmten Hotel Formentor und die vorgelagerte Mini-Insel Illa de Formentor. Im Folgenden lässt man einige kleinere Badebuchten links liegen und fährt den einsamen Fincaweg »Camí de la Muntanya« entlang, bis dieser in den »Camí del Coll Baix« im gleichnamigen Naturpark übergeht. Hier hat man immer wieder freien Blick auf Alcanada, den Leuchtturm der Illa d'Alcanada, und die Bucht von Alcúdia. Leider bleiben wir hier nicht ganz von der Moderne (in Form eines Golfplatzes der Automobildynastie Porsche) verschont. Zumindest fügt sich der Platz harmonischer in die Natur als so mancher Hotelkomplex und ist auch für Besucher geöffnet. Am »Coll Baix« angekommen, findet man einen perfekten Rastplatz, der sogar über eine Wasserquelle verfügt, die gerade an heißen Sommertagen angenehme Erfrischung bietet. Am besten lässt man hier das Bike stehen und macht sich zu Fuß auf den Weg zur »Platja des Coll Baix«. Dieser Strand ist ein absolutes Muss und sollte auf keinen Fall ausgelassen werden. Der Zugang zum Platja (Strand) ist recht schwierig und fordert an manchen Stellen etwas Kletterkunst, was aber gleichzeitig die beste Garantie für wenig Zulauf ist.

Versierte Fahrer könnten noch ein kurzes Stück vom »Coll« herunterfahren, müssten dann aber auch den Felsen Tribut zollen und zu Fuß weiter. Da es fast unmöglich ist, den Weg wieder hinaufzufahren, rate ich daher von diesem kleinen Spaß ab. Für den

Erfrischendes Bad

3

Coll Baix 26,5 km 445 hm 2 Std.						
Nr.	km	hm	Sy	Ort	Richtung	Untergr.
1	0,00	0		Pollentia Club Resort Bushaltestelle, Carretera Alcúdia – Pt. Pollença, km 2	Alcúdia	Asphalt
2	1,24	1		hinter Geschwindigkeits-begrenzungsschild »70« Achtung, Fußgänger	links, in Carrer de Canet del Rosselló	Asphalt
3	1,52	0		Trafohäuschen, Schild Sackgasse	links, zum Meer	Asphalt
4	1,66	1		Wendehammer	rechts, wir halten uns jetzt immer parallel zum Ufer	Schotter, Sand
5	2,80	5		Stufen, Passeig de Voramar	Stufen rechts hochfahren, zum Hafen	Asphalt
6	2,92	1		Hafen	geradeaus	Asphalt
7	3,12	2		Telefonzelle	links, in Fußweg	Steinplatten
8	3,48	2		Straße	geradeaus, zum Hotel Panoramic	Asphalt
9	3,67	1		Hotel Panoramic	rechts in Fußweg immer parallel zum Ufer bleiben	Schotter, Sand
10	4,20	3		Carrer de Miramar, große Steinkugeln rechts	auf der Straße weiter geradeaus	Schotter Asphalt
11	4,43	7		Straßengabelung	links, zum Wasser	Schotter Asphalt
12	4,50	6		Wendehammer	rechts, in den Wald	Waldboden Fels
13	4,74	11		Zaun	rechts und gleich wieder links am Zaun entlang	Waldboden Fels
14	5,42	7		Straße	links	Asphalt
15	6,12	19		Kreuzung »Bodega de Sol«	geradeaus, in Camí de la Muntanya	Asphalt
16	8,12	78		Eingang zum Naturpark Coll Baix	geradeaus, immer dem Hauptweg folgen	Schotter
17	10,98	47		kleines Haus rechts	rechts, vom Hauptweg weg in Singletrail	Schotter Fels
18	11,37	81		kleine Lichtung, Weg-gabelung	links fahren	Schotter Fels
19	11,76	120		Weggabelung	geradeaus	Schotter Fels
20	12,60	59		Hauptweg	rechts	Schotter

21	13,25	121		Rastplatz	umkehren	Schotter
22	13,90	59		Kette links	links, vom Hauptweg weg in Singletrail	Schotter Fels
23	15,13	78		kleine Lichtung, Weggabelung	rechts	Schotter Fels
24	15,51	44		Häuschen links, Hauptweg	links, immer dem Hauptweg folgen	Schotter
25	18,34	76		Ausgang des Naturparks Coll Baix	geradeaus, immer der Hauptstraße folgen	Asphalt
26	20,31	19		Bodega de Sol	geradeaus, dann immer der Straße folgen	Asphalt
27	21,04	3		Straße, Zaun rechts	rechts, in Singletrail	Schotter Fels
28	21,96	3		Wendehammer	links	Schotter Asphalt
29	22,03	3		Gabelung	rechts	Schotter Asphalt
30	22,26	0		Carrer de Miramar, große Steinkugeln rechts	geradeaus, immer dem Uferverlauf folgen	Schotter, Fels
31	22,79	0		Hotel Panoramic	links	Asphalt
32	22,97	0		Straßengabelung	geradeaus, in Fußweg	Steinplatten
33	23,34	0		Straße, Telefonzelle	rechts, Hafen Es Bacares	Asphalt
34	23,52	0		Hafen Es Bacares	geradeaus	Asphalt
35	23,65	0		Wendehammer, Stufen	Stufen abwärts und links, immer dem Uferverlauf folgen	Schotter
36	24,80	0		Wendehammer, Passeig de Vorramar 75	links, in Wendehammer	Asphalt
37	24,93	1		Kreuzung, Trafohäuschen,	rechts	Asphalt
38	25,22	0		Carrer de Malta Carretera Alcúdia – Pt. Pollença	rechts	Asphalt
39	26,47	0	•	Pollentia Club Resort, Bushaltestelle, Carretera Alcúdia – Pt. Pollença, km 2	Ziel	

Fußweg (hin/zurück) muss man ungefähr 40 Minuten kalkulieren. Die Entscheidung, wie viel Zeit man in der Bucht verbringt, ist natürlich jedem selbst überlassen. Auf dem Rückweg kann man sich noch auf einen Kaffee in die »Bodega de Sol« setzen, die nur noch ein kurzes Stück vom Ende dieser Tour entfernt ist und somit für einen genussvollen Tourausgang sorgt.

Tour 4: Puig de Sant Martí

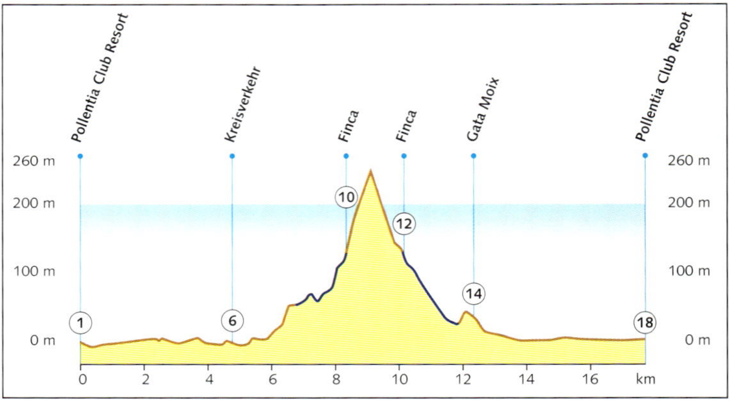

max. Höhe 252 m – ø Steigung 7 % – max. Steigung 18 %

Tour-Infos:

Länge: 18,3 Kilometer
Höhendifferenz: 309 m
Zeit: 1 Stunde 30 Minuten
Kurzkommentar: Über kleine, idyllisch verschlafene Fincawege gelangt man direkt zum Fuß des »Antennenberges«. Bisher flach, wird es von jetzt an zunehmend steil, und auf den letzten anderthalb Kilometern bis zum Gipfel sogar sehr steil, was aber auch für Anfänger kein Problem sein sollte, da der Untergrund asphaltiert ist. Hier präsentiert sich ein Ausblick der Superlative auf die Buchten von Alcúdia und Pollença sowie die Ebene um Sa Pobla. Die rasante Abfahrt lässt die vorherige Anstrengung schnell vergessen.

Schwierigkeitsgrad: ✲✲✲
Fahrtechnik: ✲✲
Kondition: ✲✲✲
Panorama: ✲✲✲✲✲✲

Einkehr/Rast: Zahlreiche Restaurants und Cafés im historischen Zentrum Alcúdias
Untergrundanteil: Asphalt: 15,23 km, *Schotter:* 1,33 km, *Trails:* 1,74 km, *Tragest.:* 0,00 km

Anfahrt

Aus Richtung Palma von der Autobahn ab auf die C713 Richtung Alcúdia fahren. Am Ortseingang von Alcúdia aus einem Kreisverkehr links heraus in Richtung Pt. Pollença. Direkt an der Uferstraße bei KM 2.5 erreichen wir das Pollentia Club Resort und können hier das Auto bequem parken.

Startplatz

Direkt an der Bushaltestelle des Pollentia Club Resort in Richtung Alcúdia.

Hintergrundinfo

Diese Route ist besonders gut für Biker geeignet, die fahrtechnisch nicht so versiert sind, aber vor knackigen Anstiegen nicht zurückschrecken und süchtig nach grandiosen Ausblicken sind. Außerdem ist die Tour auch kirchengeschichtlich interessant, findet man doch bei Kilometer 6,57, also direkt am Einstieg zum Puig, links einen kleinen Weg zur Cova (Höhle) de Sant Martí.
Der Überlieferung nach waren diese Katakomben eine Versammlungsstätte der ersten Christen im römischen

Pollentia. Die heutige Gestalt der Katakombe stammt allerdings aus der Zeit der christlichen Eroberung Mallorcas durch König Jaume I. um 1229. Steigt man in das Erdloch hinab, findet man dort in 15 m Tiefe das Heiligtum mit dem Altar des heiligen Martí (nach dem auch unser »Antennenberg« benannt ist) und dem des heiligen Jordi. Wenden wir uns dann wieder dem eigentlichen Routenverlauf zu, so erreichen wir bald den höchsten Punkt, den Puig de St. Martí. Dort treffen wir vielleicht auch einige Drachenflieger, die sich todesmutig in die Tiefe gleiten lassen. Leider entspricht der Ausdruck »todesmutig« tatsächlich der Realität, wovon einige Gedenktafeln auf der Spitze des Berges zeugen.

Traumbucht Coll Baix

Puig de St. Martí 18,3 km 309 hm 1 Std. 30 Min.

Nr.	km	hm	Sy	Ort	Richtung	Untergr.
1	0,00	0		Pollentia Club Resort, Bushaltestelle, Carretera Alcúdia – Pt. Pollença, km 2	Alcúdia	Asphalt
2	2,35	10		Kreisverkehr	geradeaus, in Stichstraße	Asphalt
3	2,53	10		Kreuzung	geradeaus, entgegen der Einbahnstraße	Asphalt
4	2,64	10		Kreuzung	rechts abbiegen	Asphalt
5	4,12	5		Hauptstraße	geradeaus, die Hauptstraße queren	Asphalt
6	4,72	7		Kreisverkehr	geradeaus	Asphalt
7	5,49	6		Einmündung am Edificio Siesta	rechts abbiegen	Asphalt
8	5,63	15		Hauptstraße	links, nach Sa Pobla Artà, Can Picafort	Asphalt
9	6,57	34		Schild »Camí del Puig de Sant Martí«, Cova	rechts, in den Camí einfahren	Steine
10	8,31	106		Kreuzung an einer Finca	rechts	Asphalt
11	9,45	252		Antenne	umkehren	Asphalt
12	10,57	106		Kreuzung an einer Finca	rechts	Schotter
13	11,90	33		Hauptstraße mit Schild »Camí del Puig Sant Martí«	links, auf die Hauptstraße	Asphalt
14	12,35	36		Hauptstraße kurz vor dem Eingang zum »Gata Moix«	rechts, von der Hauptstraße herunter	Asphalt
15	12,50	50		Weggabelung	rechts, dann geradeaus	Asphalt
16	15,64	11		Stoppschild an der Hauptstraße	links, auf die Hauptstraße	Asphalt
17	15,82	10		Kreisverkehr	links, nach Pt. Pollença	Asphalt
18	18,30	0	•	Pollentia Club Resort, Bushaltestelle, Carretera Alcúdia – Pt. Pollença, km 2	Ziel	Asphalt

Trotzdem ist dieser Ort auf keinem Fall ein trauriger Ort, haben wir doch von hier oben wohl den schönsten Rundblick des nördlichen Mallorcas. Abwärts sind wir dann bald wieder in Alcúdia, wo sich ein Besuch der Altstadt mit den kleinen Cafés und Restaurants mit Sicherheit lohnt.

Von ganz weit oben ...

... muss man auch wieder nach unten!

Tour 5: Puig de Tudossa/Albarca

5

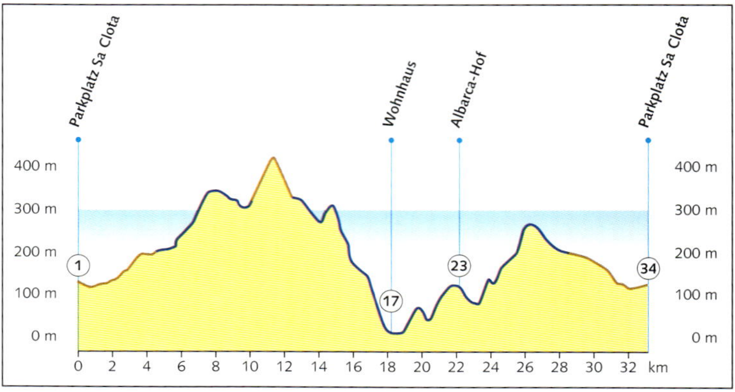

max. Höhe 422 m – ø Steigung 6 % – max. Steigung 20 %

Tour-Infos:

Länge: 33,26 Kilometer
Höhendifferenz: 844 m
Zeit: 3 Stunden 15 Minuten
Kurzkommentar: Wären da nicht die angelegten Wege, hätte man das Gefühl, unbewohntes Land zu entdecken. Die Anstiege sind gut zu fahren und nicht zu heftig. Abwärts sollte man nicht ungeübt sein. Es gibt zumindest teilweise steile und verblockte Abschnitte mit engen Kurven. Der Höhepunkt der Tour sind jedoch die beiden Buchten »S'Arenalet« und »Platja de sa Font celada«: weißer Sand, strahlend blaues Wasser und weit und breit kein Mensch. Eigentlich sollte man glauben, dass es so etwas nicht mehr gibt im Zeitalter des Massentourismus. Die Aussichten vom Piug de Tudossa und immer wieder auch vom Trail herunter müssten mit ständigem Ah! und Oh! begleitet werden, so schön sind sie.

Schwierigkeitsgrad: ✲✲✲✲
Fahrtechnik: ✲✲✲✲✲
Kondition: ✲✲✲✲
Panorama: ✲✲✲✲✲✲

Einkehr/Rast: Das Refugio Albarca ist der perfekte Ort für ein Picknick, oder nur mal kurz zum Frischmachen. Man kann hier auch günstig und komfortabel übernachten (Auskunft in Artà »Oficinas Parc de Llevant«, Tel. 971 83 68 28 – Spanischkenntnisse vorteilhaft)
Untergrundanteil: Asphalt: 11,64 km, *Schotter:* 21,62 km, *Trails:* 0,00 km, *Tragest.:* 0,00 km

Anfahrt

Anfahrt von Palma über die C715 oder von Pollença/Alcúdia über die C712 nach Artà. Kommt man über die C712, hält man sich nach dem Ortseingang in Artà immer geradeaus, bis man im Stadtinneren auf eine Einbahnstraße trifft. Hier jetzt rechts halten und dann wieder links dem Schild »ermita de betlem« folgen. Von der C715 kommend, orientiert man sich am besten an der Beschilderung »ermita de betlem« oder »Castell Sant Salvador«.

Startplatz

Direkt am Fuße des »Castell Sant Salvador« ist in Richtung Ermita de Betlem ein kleiner Parkplatz, »Sa Clota«.

Am Parkplatzschild wird der Computer auf null gestellt.

Hintergrundinfo

Der Parc Natural de Llevant, in dem sich unsere Route geografisch befindet, zeichnet sich landschaftlich durch seine sanft gebogenen Kalksteinfelshügel und der wie mit einem großen Salzstreuer auf der Oberfläche locker verstreuten Natur in Form von Geröll und Ginstersträuchern, vereinzelten Aleppokiefern, ein paar Olivenbäumen und – damit noch ein bisschen Farbe ins Spiel kommt – Gladiolen, Schwertlilien und wilden Orchideen aus. Das Ganze nennt man dann »garriga« oder einfach mediterranen Buschwald. Der Name Llevant (Osten) bedeutet frei übersetzt Sonnenaufgang und unterstreicht damit die der Morgenröte zugewandte Lage der Ostregion. Frühaufsteher kommen daher in einen noch höheren Landschaftsgenuss, als diese Region ihn ohnehin schon bietet. Das Gebiet im Nordosten Mallorcas gehört zu den am geringsten besiedelten der Insel, und nur an den immer wieder zu sehenden Trockenmauern erkennt man, dass auch hier Menschen einen Fuß ins Land gesetzt haben.

5

Puig de Tudossa/Albarca 33,26 km 844 hm 3 Std. 15 Min.						
Nr.	km	hm	Sy	Ort	Richtung	Untergr.
1	0,00	131		Ein-/Ausfahrt Parkschild »Aparcament Sa Clota«	rechts, aus dem Ort heraus, abwärts	Asphalt
2	1,27	120		Abzweig ermita	links, der Ausschilderung »ermita« folgen	Asphalt
3	4,67	202		Gabelung	geradeaus, in »Camí de la tudossa/Aubarca i Es Verger«	Schotter
4	5,09	205		Tor, dahinter Abzweig	geradeaus, Tor queren	Schotter
5	5,35	212		Kreuzung am Parkplatz	geradeaus	Schotter
6	5,49	217		Tor, Gebäude	geradeaus	Schotter
7	6,51	275		Tor	geradeaus, Tor queren	Schotter
8	7,98	342		Tor	geradeaus, Tor queren	Schotter
9	8,21	340		Tor	Tor geradeaus, Tor queren	Schotter
10	10,18	325		Abzweig mit Kette	geradeaus, Richtung Sa Tudossa	Asphalt
11	11,33	422		Ende Asphalt, Antennen	umkehren	Asphalt
12	12,46	326		Abzweig mit Kette	Kette queren, Richtung Albarca/S'Arenalet des Verger	Schotter
13	13,13	315		Abzweig	halblinks, Hauptweg folgen	Schotter
14	13,93	274		Wegende, Zaun	umkehren (Aussichtspunkt links zum Klippenrand)	Schotter
15	14,73	314		Abzweig Wanderweg	links, in »Camí d'en Mondoi«	Fels
16	16,35	169		Wanderweggabelung	geradeaus, Richtung S'Arenalet des Verger/Albarca	Schotter
17	18,25	13		Verzweigung, Wohnhaus	links, Richtung Albarca	Schotter
18	20,16	64		Tor	geradeaus, Tor queren	Schotter

19	20,67	42		Abzweig	halbrechts, auf Wanderweg bleiben	Schotter
20	21,54	99		Tor	geradeaus, Tor queren	Schotter
21	21,90	114		Abzweig	geradeaus, Richtung Tor	Schotter
22	21,98	115		Tor, dahinter Wanderwegabzweig	Tor queren, dann links Richtung Albarca	Schotter Schotter
23	22,19	106		Albarca-Hof	umkehren	
24	22,41	116		Verzweigung mit Wanderweg-Schild	links, Richtung Es Verger	Schotter
25	22,51	114		Abzweig mit Tor	rechts, abwärts	Schotter
26	25,20	187		Tor	geradeaus, Tor queren	Schotter
27	26,02	244		Kette vor Steingebäude	Kette queren, dann re. Hauptweg folgen	Schotter
28	26,36	264		Tor	geradeaus, Tor queren	Schotter
29	27,74	218		Tor	Tor queren, kurz danach rechts	Schotter
30	27,89	215		Kreuzung am Parkplatz	links	Schotter
31	28,15	209		Tor mit Abzweig	geradeaus, Tor queren	Schotter
32	28,57	206		Einmündung in Hauptstraße, Stoppschild	geradeaus	Asphalt
33	31,98	123		Gabelung	rechts	Asphalt
34	33,26	135	•	Einfahrt Parkplatz »Sa Clota«	Ziel	

Auf dem Weg zum Puig de Tudossa, gut an seiner großen Antennenanlage zu erkennen, fällt auch unschwer der sehr gut erhaltene Wachturm »Talaia de Morei« auf dem Cap Ferrutx ins Auge. Leider ist der Zugang mit dem Bike zu schwierig, aber der Ausblick vom Tudossa steht dem vom Morei in nichts nach. Bei guter Sicht sieht man nicht nur die gegenüberliegende Halbinsel Formentor, sondern auch die Nachbarinsel Menorca.

Leuchtturmwärterpfad auf Formentor

Tour 6: Morro d'Albarca

6

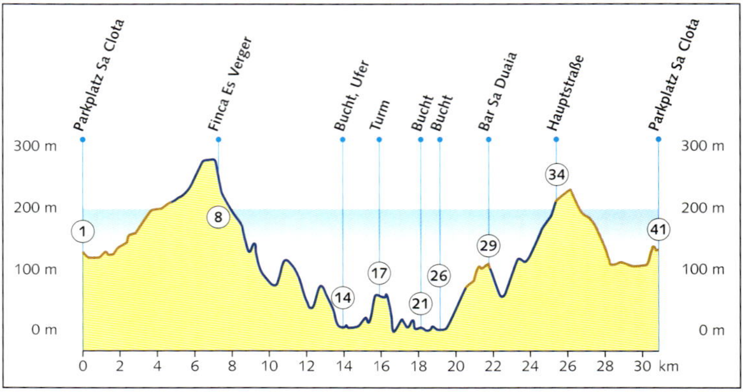

max. Höhe 291 m – ø Steigung 6 % – max. Steigung 20 %

Tour-Infos:

Länge: 30,89 Kilometer
Höhendifferenz: 807 m
Zeit: 3 Stunden 30 Minuten
Kurzkommentar: Diese Tour bietet vor allem eines: wunderschöne Buchten. Ein beträchtlicher Teil der Route verläuft direkt an der Küstenlinie. Das ist für fahrtechnisch weniger Versierte manchmal etwas beschwerlich, aber der Reiz der kleinen Buchten entschädigt für die eventuellen Schiebepassagen. Das ständige Auf und Ab erfordert gute Kondition, eintönig wird es nie.
Der Wachturm »Morro d'Albarca« ist sehr gut erhalten und gibt der Tour durch seine Abgelegenheit einen Hauch von Entdeckungs-Expedition.

Schwierigkeitsgrad: *****
Fahrtechnik: *****
Kondition: *****
Panorama: ******

Einkehr/Rast: Die Bucht »Cala Torta« lädt nicht nur zu einem erfrischenden Bad ein, sondern verfügt auch über eine kleine Strandbar, die im Sommer geöffnet ist. Ansonsten empfiehlt sich das Restaurant »Sa Duaia«, das man kurz darauf erreicht.
Untergrundanteil: Asphalt: 11,37 km, *Schotter:* 19,52 km, *Trails:* 0,00 km, *Tragest.:* 0,00 km

Anfahrt

Anfahrt von Palma über die C715 oder von Pollença/Alcúdia über die C712 nach Artà. Kommt man über die C712, hält man sich nach dem Ortseingang in Artà immer geradeaus, bis man im Stadtinneren auf eine Einbahnstraße trifft. Hier jetzt rechts halten und dann wieder links dem Schild »ermita de betlem« folgen.

Von der C715 kommend, orientiert man sich am besten an der Beschilderung »ermita de betlem« oder »Castell Sant Salvador«.

Startplatz

Direkt am Fuße des »Castell Sant Salvador« ist in Richtung Ermita de Betlem ein kleiner Parkplatz, »Sa Clota«. Am Parkplatzschild wird der Computer auf null gestellt.

Hintergrundinfo

Nach so viel gesunder salziger See-

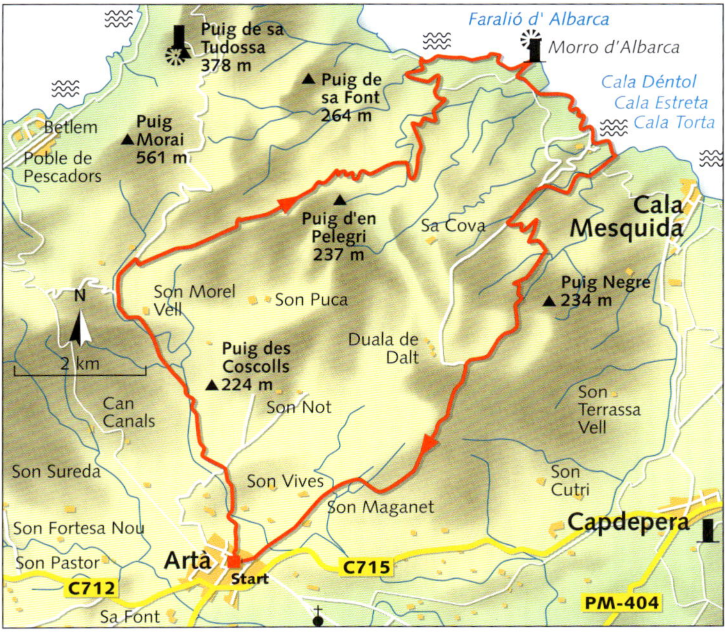

6

luft, staubigen Anstiegen, rasanten Abfahrten und den immer wieder weiten Blicken auf das Blau des Meeres und den unendlichen Horizont lohnt es, am Ende der Tour einen kleinen Spaziergang durch das beschauliche Städtchen Artà zu machen. Dabei hat man oft den Eindruck, durch einen Ort des vorangegangenen Jahrhunderts zu wandern.

Am besten startet man direkt am Parkplatz und geht um die Pfarrkirche herum, um auf der langen Treppe des Kalvarienberges zur Burg aufzusteigen. Von hier oben hat man noch einmal einen schönen Blick auf das Meer und die weite Hügellandschaft unterhalb des Ortes. Es wird vermutet, dass auf diesem Felsen schon eine talayotische Siedlung existierte. Ihr folgte später eine arabische Festungsanlage, und wie es sich gehörte, war darin auch eine Moschee untergebracht. Nach der Eroberung durch Jaume I. wandelte man die Moschee um in eine christliche Kirche mit dem Namen Sant Salvador.

1820 wurde Artà von einer Choleraepidemie heimgesucht (1362 Tote) und die Kirche aus diesem Grund in ein provisorisches Hospital umgewandelt. Da nach der Epidemie eine große Angst vor erneuter Ansteckung herrschte, wurde die Kirche kurzerhand abgebrannt und – wie so oft auf Mallorca – nur eine Marienfigur vor den Flammen gerettet. 1825 wurde dann im klassizistischen Stil das jetzt zu besichtigende Bauwerk errichtet. Was heute Anziehungspunkt für viele Besucher ist, hatte damals alles andere als Anziehungskraft für die Bewohner Artàs. Keiner hatte wirklich Lust, seine Heimstatt hinter diese dicken und abschreckenden Mauern zu verlegen. Nur bei den nicht seltenen Angriffen von Piraten zog man sich gerne hierhin zurück. Man kann sich vorstellen, dass das Leben auf so engem Raum nicht einfach war.

Morro d'Albarca 30,89 km 807 hm 3 Std. 30 Min.

Nr.	km	hm	Sy	Ort	Richtung	Untergr.
1	0,00	131		Ein-/Ausfahrt Parkschild »Aparcament Sa Clota«	rechts, aus dem Ort heraus, abwärts	Asphalt
2	1,27	120		Abzweig ermita	links, der Ausschilderung »ermita« folgen	Asphalt
3	4,67	202		Gabelung	geradeaus, in »Camí de la tudossa/ Aubarca i Es Verger«	Schotter
4	5,09	205		Tor, dahinter Abzweig	geradeaus, Tor queren	Schotter
5	5,35	212		Kreuzung am Parkplatz	rechts, Richtung »Aubarca i Es Verger«	Schotter
6	5,45	213		Verzweigung mit Gatter links	links, dann Gatter queren und geradeaus	Schotter
7	6,89	291		Tor	geradeaus, Tor queren	Schotter
8	7,22	242		Kette und Fincagebäude Es Verger	geradeaus, Kette queren	Schotter
9	8,03	184		Gatter	geradeaus, Gatter queren	Schotter
10	10,70	110		Tor, dahinter Verzweigung	links, Wanderweg folgen	Schotter
11	10,80	113		kleiner Platz mit Wanderwegschild	geradeaus, Richtung S'Arenalet des Verger	Schotter
12	12,62	64		Tor	geradeaus, Tor queren	Schotter
13	12,74	74		Abzweig	geradeaus, aufwärts, Wanderweg folgen	Schotter
14	13,97	9		Bucht, Uferbereich	links, Bucht queren u. auf der gegenüberl. Seite Uferpfad folgen (Steinhaufen)	Stein/ Fels
15	15,20	34		Gatter	geradeaus, Gatter queren	Stein/ Fels
16	15,77	59		Einmündung in Hauptweg	links, Hauptweg folgen	Schotter
17	16,00	62		Turm	umkehren und Hauptweg folgen	Schotter
18	16,31	58		Gabelung	links, abwärts	Schotter
19	16,70	11		Verzweigung direkt an der Sandbucht	geradeaus, Bucht queren, gegenüberl. Pfad links aufwärts	Sand/ Fels
20	17,63	25		Zaun	geradeaus, Pfad folgen	Fels
21	18,08	14		Bucht	links halten, Richtung gegenüberliegende S.	Fels

22	18,12	20	Einmündung in breite Schotterstraße	links, der Straße folgen	Schotter
23	18,52	12	Abzweig Schotterstraße	links, der Straße bis zum Ende folgen	Schotter
24	18,74	15	Ende der Straße	geradeaus, dem kleinen Wanderpfad am Ufer folgen	Fels
25	18,86	19	scheinbares Wegende	hart rechts, steil nach oben	Fels
26	19,13	15	Bucht	rechts, Richtung Inland, die Bucht verlassen, Hauptweg folgen	Schotter Sand
27	20,63	78	Abzweig Cala Mitjana	links, leicht aufwärts	Asphalt
28	21,24	104	Abzweig Bar »Sa Duaia«	links, Richtung Bar, Tor passieren	Asphalt
29	21,87	122	Eingang »Sa Duaia«	rechts, abwärts	Schotter
30	22,24	85	Abzweig	hart links	Schotter
31	22,64	63	Abzweig	geradeaus	Schotter
32	24,94	177	Abzweig	geradeaus	Schotter
33	25,06	179	Gabelung	halbrechts	Schotter
34	25,43	207	Einmündung in Hauptstraße	links, der Hauptstraße folgen	Asphalt
35	29,98	116	Hauptstraße Abzweig, Stoppschild	geradeaus, Richtung »centre vila«, »ermita de betlem«	Asphalt
36	30,56	132	Kreisverkehr	rechts	Asphalt
37	30,65	137	Kreuzung	rechts, Richtung »ermita de betlem« in »costa den torreta«	Asphalt
38	30,72	146	Kreuzung, vor der Kirche	links, Richtung »ermita de betlem«	Asphalt
39	30,78	148	Kreuzung an der »Carrer d'es Castellet«	geradeaus, abwärts	Asphalt
40	30,83	145	Abzweig	rechts, Richtung Parkpl.	Asphalt
41	30,89	142	Parkplatz »Sa Clota«	Ziel	

Vom Bürgermeister wurden daher sehr strenge Sonderregeln aufgestellt. So durfte beispielsweise sonntags nicht mit Stoffen gehandelt werden, und das »Sichschickmachen« war grundsätzlich untersagt.
Beim traditionellen Vergnügen, dem Tanz, wurden Spitzel bestellt, die dafür Sorge zu tragen hatten, dass die Moral gewahrt blieb. Nicht auszudenken, wenn Frau und Mann hier in einem gewissen Sinne außer Rand und Band geraten wären. Da hätten die Piraten sicher ein leichtes Spiel gehabt – und wer weiß, was dann aus Artà geworden wäre.

7

Tour 7: Cala Mesquida

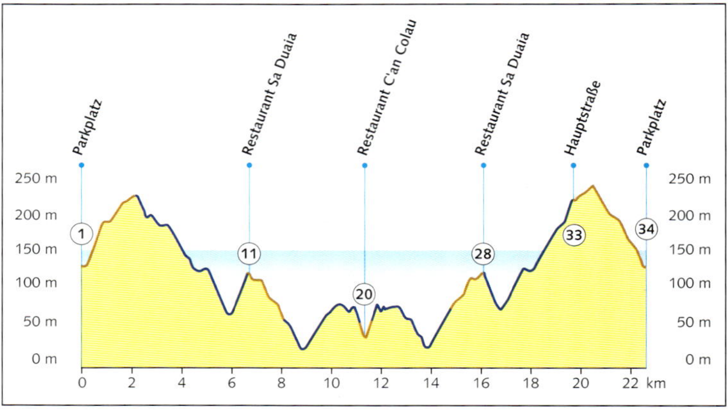

max. Höhe 236 m – ø Steigung 5 % – max. Steigung 21 %

Tour-Infos:

Länge: 22,58 Kilometer
Höhendifferenz: 635 m
Zeit: 2 Stunden 30 Minuten
Kurzkommentar: Diese Tour ist eine Kombination aus karstigen, fast steppig anmutenden Hügelreihen und herben Dünenlandschaften, wie es sie wohl nur hier gibt. Sie ist nicht schwer zu fahren, da keine wirklich harten Anstiege zu nehmen sind. Allerdings sollte man die Tour nicht unterschätzen. Der ständige Wechsel von Auf und Ab und der mitunter sehr geröllige Untergrund ermüden ziemlich, und wenn im Sommer die Sonne hoch steht, ist die Tour als konditionell anspruchsvoll einzustufen. Auf jeden Fall sollte man dann einen Sprung in das fast immer wilde Meer in der Cala Torta oder der Cala Mesquida machen. Das ist aktive Erholung in ihrer schönsten Form.

Schwierigkeitsgrad: ✻✻✻✻
Fahrtechnik: ✻✻✻✻
Kondition: ✻✻✻✻
Panorama: ✻✻✻✻✻

Einkehr/Rast: Fast wie eine kleine Trutzburg über den Strandbuchten liegt die Bar »Sa Duaia«, in die man unbedingt einkehren sollte. In den Sommermonaten ist in der Cala Torta auch eine kleine Strandbar geöffnet.
Untergrundanteil: Asphalt: 7,99 km, *Schotter:* 14,59 km, *Trails:* 0,00 km, *Tragest.:* 0,00 km

Anfahrt

Anfahrt von Palma über die C715 oder von Pollença/Alcúdia über die C712 nach Artà. Im Ort dann Beschilderung Richtung Cala Rajada/Capdepera folgen. Kurz nach dem letzten Kreisverkehr in Artà geht es links zur Cala Torta (gleich hinter der Tankstelle). Dieser Straße folgen wir noch ca. 1,7 km.

Startplatz

Kurz hinter der Tankstelle am Ortsrand von Artà biegen wir am Stadion bzw. am Restaurant »Sa Teulera« rechts in eine kleine Straße ab und folgen dieser genau 1,65 km, bis auf der linken Seite die Zufahrt zu einem kleinen Gehöft zu sehen ist. Vor dem Tor zu diesem Gehöft ist ein kleiner Platz. Auto hier stehen lassen und

7

starten. Nullstellung des Computers auf der Straße (Einmündung zum Gehöft).

Hintergrundinfo

Eigentlich ist die Cala Mesquida und ihr angrenzendes Umland reines Naturschutzgebiet, und das zu Recht, schließt sich ihr doch eines der größten und am besten erhaltenen Dünensysteme der Insel an. Aber wie fast immer und überall auf der Welt: Wenn es eine Möglichkeit gibt, Geld zu verdienen, werden schon einmal gewisse Regeln umgangen. So ist im Westen der Bucht eine große Clubanlage gebaut worden, die durch ihre Kapazität von 800 Betten nicht nur fragwürdig ist, sondern auch optisch nicht in diese wunderschöne Landschaft passt. Zum Glück ist der Reichtum an seltener Fauna und Flora um die Zone der Cala Mesquida dennoch erhalten und Heimat für viele seltene

Zwei Biker und das Meer

7

Cala Mesquida	22,58 km	635 hm	2 Std. 30 Min.		
Nr.	km	hm	Sy	Ort	Richtung	Untergr.
1	0,00	115		Parkplatz	taleinwärts	Asphalt
2	2,06	233		Abzweig v. d. Hauptstraße, Kette rechts	halbrechts, Kette queren	Schotter
3	2,44	207		Gabelung	halblinks	Schotter
4	2,67	193		Abzweig	rechts	Schotter
5	3,37	176		Gabelung	halbrechts	Schotter
6	3,54	182		Gabelung, Haus rechts	links, abwärts	Schotter
7	3,70	175		Abzweig	rechts	Schotter
8	4,43	133		Gabelung in Kurve	links, abwärts	Schotter
9	6,18	67		Abzweig	geradeaus, Hauptweg folgen	Schotter
10	6,38	81		Abzweig	rechts	Schotter
11	6,76	119		Abzweig am Restaurant »Sa Duaia«, Tor	links	Asphalt
12	6,92	110		Gabelung, Tor	halbrechts, abwärts	Asphalt
13	7,33	107		Tor, dann Abzweig	Tor queren, dann rechts Straße folgen	Asphalt
14	7,99	77		Abzweig	rechts, zur Cala Torta	Asphalt/ Schotter
15	8,99	18		Abzweig	halbrechts, nach 40 m rechts aufwärts	Schotter
16	9,35	34		Abzweig	geradeaus, aufwärts	Schotter
17	10,70	67		Gatter	geradeaus, Gatter queren	Schotter
18	10,77	61		Abzweig	links	Schotter
19	11,18	50		freier Teerplatz	Teerplatz links haltend verlassen, dann in Einbahnstr. entgegengesetzt einfahren	Asphalt
20	11,38	32		Parkplatz Restaurant »C'an Colau«	links, zum Aussichtspunkt Strand (Bank)	Asphalt
21	11,45	28		Aussichtspunkt Strand, Bank	umkehren	Asphalt
22	11,52	31		Straße mit »Pfeil rechts«	rechts, bis zum Ende des Teerplatzes	Asphalt
23	11,74	53		Ende Teerplatz, Trafohaus	geradeaus, steil bergauf	Schotter
24	12,13	62		Abzweig	rechts, durch Gatter (liegt 80 m aufwärts)	Schotter

25	13,88	20		Einmündung in Hauptfahrweg	links	Asphalt/ Schotter
26	14,93	78		Teerstraße	links, bergauf	Asphalt
27	15,54	104		Abzweig, Hinweisschild »Bar Restaurant Sa Duaia«	links, zum Restaurant, Tor queren	Asphalt
28	16,17	121		Restaurant »Sa Duaia«	rechts, bergab	Schotter
29	16,54	84		Abzweig	links	Schotter
30	16,93	64		Gabelung	geradeaus, aufwärts	Schotter
31	19,23	177		Abzweig	geradeaus, auf Hauptweg	Schotter
32	19,35	182		Gabelung	halbrechts, aufwärts	Schotter
33	19,72	208		Hauptstraße	links, zum Ausgangspunkt	Asphalt
34	22,58	121	•	Einfahrt Parkplatz	Ziel	

Vogelarten geblieben. Deshalb tut man gut daran, schnell den Rückweg anzutreten und die auf Mallorca einzigartige Mischung zwischen Aleppokiefernwald und den sogenannten »garriga«-Zonen (die typisch mediterrane baumlose Vegetation, in der sich Mastixbüsche, duftende Rosmarinsträucher, aber auch Zistrosen und Wildoliven aneinanderschmiegen) zu genießen. Sicher sollte man auch einen Abstecher in die herrlich wild wirkende Cala Torta machen und ein Bad nicht versäumen. Vorsicht allerdings mit der häufig heftigen Strömung, die kräftig ins offene Meer zieht. Wegen der langen schattenlosen Fahrstrecken ist die beste Jahreszeit für diese Tour im Frühjahr und Herbst. Aber auch im Winter, wenn die Felsen noch rauer wirken, hat die Strecke ihren Reiz.

Wo ist hier der Weg?

Tour 8: Ermita de Betlem

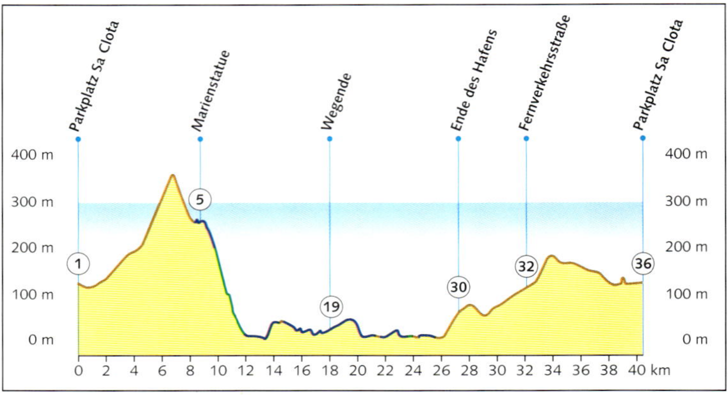

max. Höhe 359 m – ø Steigung 4 % – max. Steigung 13 %

Tour-Infos:

Länge: 40,33 Kilometer
Höhendifferenz: 720 m
Zeit: 3 Stunden 45 Minuten
Kurzkommentar: Landschaftlich eine Tour der krassen Gegensätze: Olivenhaine wechseln mit Pinien- und Steineichenwäldern, verstepptes Hochland geht in karstige Felsenlandschaft über, und später beeindruckt das raue Steilküstenambiente, in dem sich eine verborgene Bucht nach der anderen entdecken lässt. Die Anstiege sind moderat und auch gut von Anfängern zu bewältigen. Der Downhill von der Ermita herab macht ungeheuren Spaß, erfordert allerdings auch ein wenig Fahrtechnik, wenn man ihn flüssig fahren will. Bikenovizen sollten dann lieber einige Teilstücke schieben.
Am Meer angekommen, rollt man dann wie auf großen Wellen an der Küste entlang und genießt den Wind und das Meeresrauschen.
Einen kleinen Wermutstropfen gibt es aber auch: Die sieben Kilometer zurück nach Artà muss man sich auf einer Fernverkehrsstraße mit Autos teilen. Zum Glück kann man sich mit den gesammelten Impressionen des Tages gut über dieses Stück hinweghelfen.

Schwierigkeitsgrad: ✲✲✲
Fahrtechnik: ✲✲✲✲
Kondition: ✲✲✲
Panorama: ✲✲✲✲✲✲

Einkehr/Rast: Idealerweise sucht man sich nach seinem persönlichen Geschmack ein Restaurant oder Café direkt an der Uferpromenade in Colònia de Sant Pere. Man hat hier einen schönen Meeresblick und kann vor dem unvermeidlichen Asphaltstück zurück nach Artà noch einmal Natur pur auftanken.
Untergrundanteil: Asphalt: 24,24 km, *Schotter:* 13,81 km, *Trails:* 2,28 km, *Tragest.:* 0,00 km

Anfahrt

Anfahrt von Palma über die C715 oder von Pollença/Alcúdia über die C712 nach Artà. Kommt man über die C712, hält man sich nach dem Ortseingang in Artà immer geradeaus, bis man im Stadtinnern auf eine Einbahnstraße trifft. Hier jetzt rechts halten und

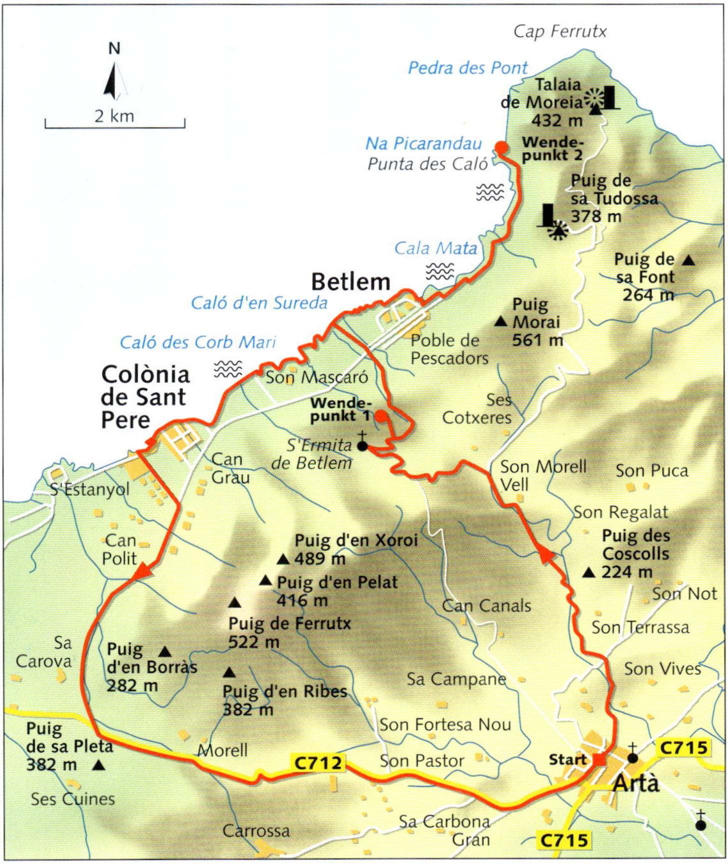

dann wieder links dem Schild »ermita de betlem« folgen.
Von der C715 kommend, orientiert man sich am besten an der Beschilderung »ermita de betlem« oder »Castell Sant Salvador«.

Kloster Betlem

Startplatz
Direkt am Fuße des »Castell Sant Salvador« ist in Richtung Ermita de Betlem ein kleiner Parkplatz, »Sa Clota«. Am Parkplatzschild wird der Computer genullt.

Hintergrundinfo
Die Ermita de Betlem ist die jüngste Einsiedelei Mallorcas und wurde

Ermita de Betlem 40,33 km 720 hm 3 Std. 45 Min.						
Nr.	km	hm	Sy	Ort	Richtung	Untergr.
1	0,00	131		Ein-/Ausfahrt Parkschild »Aparcament Sa Clota«	rechts, aus dem Ort heraus, abwärts	Asphalt
2	1,27	120		Abzweig ermita	links, der Ausschilderung »ermita« folgen	Asphalt
3	4,71	202		Abzweig	links, der Ausschilderung »betlem« folgen	Asphalt
4	8,63	262		Abzweig vor dem Klostertor auf Wanderweg (Wanderwegschild)	rechts, Wanderweg »Cases de Betlem« folgen	Schotter
5	8,95	259		kleiner Platz mit Marienstatue u. Quelle	links, durch Metalltor	Schotter
6	9,01	259		Abzweig	geradeaus, auf unterem Pfad Richtung »Cases de Betlem«	Schotter
7	9,18	245		Abzweig	Richtung Steinpfeiler, dann Weg bis zur Abbruchkante folgen	Schotter
8	9,52	254		Abbruchkante	umkehren	Fels
9	9,83	248		Steinpfeiler	halblinks, abwärts	Singletrail
10	11,90	28		Abzweig, Sandweg	rechts, die Hubschrauberbasis rechts liegen lassen	Sand
11	12,33	22		Kreuzung, Hauptstraße	geradeaus, in Schotterweg	Schotter
12	12,71	13		Verzweigung	geradeaus	Schotter
13	12,74	12		Verzweigung	rechts	Schotter
14	12,99	1		Pfad am Meerufer	rechts, immer den äußersten Pfad nutzen	Schotter
15	14,60	8		Infoschild Ministro de Medio Ambiente u. Einmündung des Uferwegs auf kl. Str.	links, aufwärts	Asphalt
16	14,73	20		Gabelung mit Schild »Pueblo de pescadores«	links in »Avenida Colon«	Asphalt
17	14,83	20		Tor geradeaus	Tor passieren	Schotter
18	15,05	35		Abzweig	halbrechts, durch Mauerbegrenzung	Schotter
19	18,02	8		Wegende	umkehren	Schotter
20	21,30	18		Abzweig	rechts, Richtung Restaurant Casablanca	Asphalt
21	21,43	5		Abzweig zum Strand »Paseo Artá«, Infoschild Ministro de Medio Ambiente	rechts, zum Meer, dann links dem Uferverlauf folgen	Sand, Schotter

22	23,81	5	↰	Schild »Sistema Litoral Rocòs« am Rand einer kleinen Bucht	links, Pfad Richtung vom Meer weg benutzen	Schotter
23	23,84	5	Y	Gabelung	links, in kleinen Pfad	Schotter
24	23,90	5	Y	Gabelung	rechts, in Pfad	Schotter
25	23,91	6	Y	Gabelung	halbrechts	Waldboden
26	24,11	3	↑	Zufahrt zur Bucht	geradeaus, auf Asphalt wechseln	Asphalt
27	24,55	3	↱	Steinmauer als Grundstücksbegrenzung	v. d. Mauer re. auf Uferpfad, dann hart der Küste folgen	Schotter
28	25,52	3	↱	Kreuzung, Hauptstr.	re., Richtung i. d. Ort	Asphalt
29	26,37	5	↱	Ortseingang, kleiner Parkplatz	rechts, i. d. Parkplatz, dann links der Uferpromenade folgen	Asphalt
30	27,34	3	↰	Gabelung am Ende des Hafens	links, Ausschilderung »Artà« folgen	Asphalt
31	28,39	54	↱	Hauptstraßeneinmündung, Stoppschild	rechts, der Hauptstraße folgen	Asphalt
32	32,10	90	↰	Einmündung in Fernverkehrsstraße C712, Stoppschild	links, Richtung Artà/ Cala Rajada	Asphalt
33	39,24	117	↻	Kreisverkehr	geradeaus, in den Ort	Asphalt
34	40,01	125	↱	Einbahnstraßenschild »Pfeil rechts«	Einbahnstraße folgen	Asphalt
35	40,07	124	↰	Abzweig an Bank »La Caixa«, Infoschilder	links, Richtung »ermita de betlem«	Asphalt
36	40,33	129	•	Parkplatz »Sa Clota«	Ziel	

Anm. zu Nr. 22 bis 25: Von dem Schild in Nr. 22 gehen sehr viele Pfade ab. Sollte man die Orientierung verlieren, sei als Hilfe gesagt, dass man durch die vor einem liegende Bucht hindurch muss. Der Abzweig ist innerhalb von 100 m nach Nr. 22 zu finden. Entfernen Sie sich nicht zu weit von der Bucht. Dann geht es normal mit Nr. 26 weiter!

1805 von einer kleinen Gruppe von Mönchen gegründet. Sie wollten sich an diesem abgelegenen Ort ihren Traum von Einkehr und Meditation verwirklichen. Ursprünglich ein Stall, daher auch der Name »Bethlehem«, vergrößerten die Mönche Schritt für Schritt ihre Einsiedelei, um so dem unerwarteten Ansturm von Pilgern gerecht zu werden. Trotzdem ist die Ermita immer noch ein Ort der Ruhe. Die fünf Mönche, die heute dort leben und sich um die Bewirtschaftung kümmern, sollte man in ihrem Frieden in jedem Fall respektieren. Unmittelbar an die Ermita schließt sich ein Aussichtsplateau mit einem einzigartigen Blick in die Bucht von Alcúdia an. Man scheint über der Erde zu schweben und kann mit etwas Glück sogar Menorca sehen. Etwas weiter unterhalb befindet sich ein schattiges Plätzchen mit einer Marienfigur und einer Quelle, deren Wasser man tatsächlich trinken kann. Ein idealer Rastplatz also nach dem anstrengenden Aufstieg. Ist man schließlich unten in der kleinen Kolonie Betlem angekommen und folgt dem Weg bis in die Bucht »Es Caló«, reiht sich eine Traumbucht an die andere. Offensichtlich wissen das nicht viele, denn man ist hier meist allein und kann daher mit gutem Recht auch heute noch von einem mallorquinischem Geheimtipp reden.

Tour 9: Sa Trapa

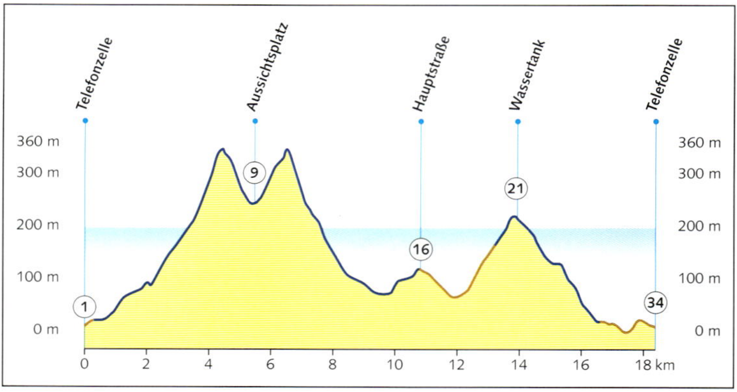

9

max. Höhe 355 m – ø Steigung 5 % – max. Steigung 30 %

Tour-Infos:

Länge: 18,32 Kilometer
Höhendifferenz: 700 m
Zeit: 2 Stunden 30 Minuten
Kurzkommentar: Diese Tour hat es konditionell wirklich in sich. Fast 500 hm auf den ersten sechs Kilometern lassen das Herz rasen und die Beine brennen. Dazu kommt, dass die Steilstücke sehr losen Untergrund haben und sich dadurch die Anstrengung noch erhöht. Wer trotzdem noch ein Auge für das Umland hat, genießt die fast sanft anmutende Berglandschaft des westlichsten Ausläufers des Tramuntanagebirges. Am Ende des ersten Anstiegs belohnt der unglaubliche schöne Blick auf die Isla Dragonera und die schroff ins Meer abfallende Felsenküste, dazu laden auch die schattigen Plätze rund um das Kloster zu einer kurzen Rast ein. Zurück geht es dann auf kleinen, verschlafenen Fincawegen. Wach wird man dann wieder auf dem kurzen und leicht zu fahrenden Downhill, der fast direkt im Ort Sant Elm endet – eine Fahrt, die man unbedingt mit einem Bad in der Sandbucht des Ortes krönen sollte.

Schwierigkeitsgrad: ✲✲✲✲
Fahrtechnik: ✲✲✲
Kondition: ✲✲✲✲✲
Panorama: ✲✲✲✲✲✲

Einkehr/Rast: Gleich zu Beginn der neuen Fußgängerzone findet man ein paar nette Bars und Restaurants. Es gibt hier immer etwas zu sehen (vor allem in der Hochsaison), und bei ein wenig Sprachkenntnis wird man von den Kellnern gerne mit den neuesten Nachrichten des Ortes versorgt.
Untergrundanteil: Asphalt: 4,42 km, *Schotter:* 13,90 km, *Trails:* 0,00 km, *Tragest.:* 0,00 km

Anfahrt

Anfahrt von Palma über die Autobahn PM-1, später Fernverkehrsstraße C719, Richtung Andratx. Kurz vor Andratx Abzweig nach Port d'Andratx nehmen und dann nach ca. 2 km bei der Ausschilderung Sant Elm rechts abbiegen. In Sant Elm gleich am Ortseingang der Beschilderung »centre« folgen und dann den Schildern Punta

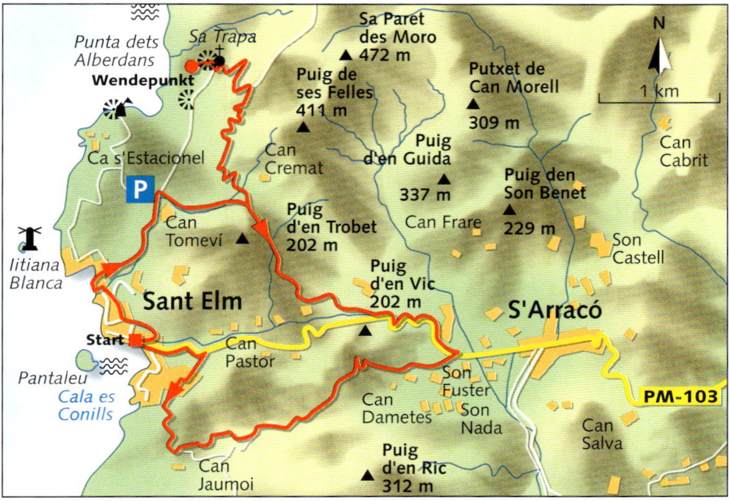

Blanca und La Trapa. Auf der Plaça de Mossen Sebastiá Grau kann das Auto geparkt werden.

Startplatz
Direkt auf der Plaça de Mossen Sebastiá Grau befindet sich eine Telefonzelle. Hier wird der Computer auf null gestellt.

Hintergrundinfo
Etwas abseits von den bekannten Touristenorten Peguera und Pt. Andratx ist der kleine Ort Sant Elm zwar auch nicht ganz vom Pauschaltourismus verschont geblieben, kann aber immer noch mit seinen vielen kleinen Buchten und den schönen Ausblicken auf die Isla Dragonera ei-

Wer ist der Schnellste?

Sa Trapa 18,32 km 700 hm 2 Std. 30 Min.						
Nr.	km	hm	Sy	Ort	Richtung	Untergr.
1	0,00	5		Telefonzelle auf der Plaça de Mossen Sebastiá Grau	geradeaus, in Avinguda, später Camí Tomevi de la Trapa	Asphalt, Schotter
2	1,02	49		Gabelung mit Wegweiser	rechts, dem Schild »La Trapa« folgen	Schotter
3	1,19	56		Abzweig	geradeaus	Schotter
4	1,46	67		Abzweig	geradeaus	Schotter
5	1,84	85		Gabelung mit Wegweiser	geradeaus in »Camí Coll des Catrals«, dem Wegweiser folgen	Schotter
6	2,01	89		Gabelung	halblinks, Wegweiser »La Trapa« folgen	Schotter
7	3,09	169		Kette	geradeaus, die Kette queren	Schotter
8	5,12	259		Gabelung	rechts, zum Kloster	Schotter
9	5,46	234		Aussichtsplatz	umkehren	Schotter
10	5,80	258		Gabelung	links, aufwärts	Schotter
11	7,81	167		Kette	geradeaus, Kette queren	Schotter
12	8,88	89		Gabelung	rechts	Schotter
13	9,05	84		Gabelung	links, in »Camí Sa Font dels Morers«	Schotter
14	9,66	65		Gabelung	geradeaus	Schotter
15	10,06	72		Gabelung	geradeaus, dem »Camí Sa Font dels Morers« folgen	Schotter
16	10,88	111		Einmündung in Hauptstraße	links, Richtung S' Arraco	Asphalt
17	11,91	61		Einmündung »Camí de Son Tio«	hart rechts, von der Hauptstraße herunter	Asphalt
18	12,20	58		Gabelung	halbrechts in »Barti Son Tio«	Asphalt Schotter
19	12,74	90		Abzweig	geradeaus, aufwärts	Asphalt
20	13,27	149		Abzweig in Kurve	halblinks, auf Schotterweg	Schotter
21	13,98	217		Platz mit Wassertank	geradeaus	Schotter
22	14,26	193		Abzweig in Kurve	Hauptweg abwärts folgen, dann Kette queren	Schotter
23	14,56	171		Abzweig	geradeaus, abwärts	Schotter
24	15,05	125		Gabelung	hart rechts	Schotter
25	15,07	123		Gabelung	links	Schotter
26	15,81	65		Kette	geradeaus, Hauptweg folgen	Schotter

9

27	15,90	53		kleiner Platz	rechts, Hauptweg folgen	Schotter
28	16,20	24		Gabelung	geradeaus, Hauptweg folgen	Schotter
29	16,22	25		Kreuzung	links	Schotter
30	16,63	20		Einmündung in Hauptstraße, Stoppschild	links, Hauptstraße bis Sant Elm folgen	Asphalt
31	17,29	1		Einfahrt zum Parkplatz	rechts, Richtung »centre«	Asphalt
32	17,78	22		Abzweig	geradeaus, später den Schildern »Punta Blanca« und »La Trapa« folgen	Asphalt
33	18,26	6		Gabelung	rechts, zum Ausgangspunkt	Asphalt
34	18,32	6	•	Telefonzelle	Ziel	

ne angenehme Ruhe und entspannende Zurückgezogenheit vermitteln. Der Weg zum ehemaligen Trappistenkloster ist von Aleppokiefern umstanden und bietet auch im Sommer einigen Schatten. Allerdings sollte man den ziemlich steilen Anstieg nicht unterschätzen und viel Trinkwasser mitführen. Ist man dann am Kloster angekommen, hat man einen Traumblick auf das Meer und den daraus aufsteigenden »Drachen« der Isla Dragonera. Das Kloster selbst wurde im 18. Jahrhundert von Trappistenmönchen gegründet, die vor der Französischen Revolution flüchten mussten. Bald darauf wurde das Kloster von den Spaniern säkularisiert. Mitte der Neunzigerjahre des letzten Jahrhunderts zerstörte ein großer Brand fast alle Gebäude.

Das bot nun aber die Chance, das heute im Besitz einer Naturschutzorganisation befindliche Grundstück wieder neu zu bebauen und als Refugium in den projektierten Fernwanderweg »Ruta de Pedra en Sec« zu integrieren. So wird dieser Ort später nicht nur zu einer kurzen Rast einladen, sondern sicher auch eine gute und preiswerte Übernachtungsmöglichkeit bieten.

Geröll, Geröll und nochmals Geröll

Tour 10: Reitweg des Erzherzogs

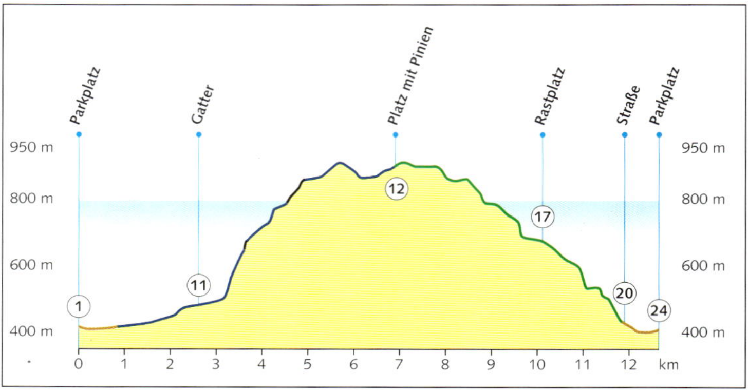

10

max. Höhe 912 m – ø Steigung 9 % – max. Steigung 28 %

Tour-Infos:

Länge: 12,62 Kilometer
Höhendifferenz: 563 m
Zeit: 2 Stunden
Kurzkommentar: »Kurz, schmerzhaft und wunderschön« – so könnte das Fazit dieser Tour lauten. Zum Glück ist die steile Auffahrt zum größten Teil mit recht gut fahrbarem Untergrund versehen. Um ein paar kurze Tragepassagen kommt man allerdings nicht herum. Wer sich im Schweiße des Aufstiegs fragt, warum gerade hier jemand die Idee hatte, einen Reitweg anzulegen, wird die Antwort oben auf dem Kamm erhalten, denn dort eröffnet sich ein Ausblick über Mallorca, den niemand vergessen wird. Oft ist die Wolkenlage so, als schwebe man im Himmel. Adrenalinsüchtige werden den Downhill lieben. Man sollte aber selbst als routinierter Abfahrer immer Protektoren anlegen. Aus eigener Erfahrung weiß ich, wie schnell man auf dieser Strecke »herausfliegen« kann.

Schwierigkeitsgrad: ✲✲✲✲✲✲
Fahrtechnik: ✲✲✲✲✲✲
Kondition: ✲✲✲✲✲✲
Panorama: ✲✲✲✲✲✲

Einkehr/Rast: Valldemossa ist ein beliebtes Ausflugsziel vieler Touristen. Daher findet man im Ort ein reichhaltiges Angebot von der einfachen Bar bis zum guten Restaurant. Es ist also für jeden Geschmack etwas dabei. *Untergrundanteil: Asphalt:* 1,54 km, *Schotter:* 5,52 km, *Trails:* 5,04 km, *Tragest.:* 0,52 km

Anfahrt

Anfahrt von Palma über die PM-111 nach Valldemossa. Nach der Ortseinfahrt Ampel passieren, dann auf dem ersten Parkplatz rechts das Auto stehen lassen.

Startplatz

Ausfahrt des Parkplatzes, direkt am Parkscheinautomat.

Hintergrundinfo

Nur ein wirklicher Naturliebhaber kann auf die verrückte Idee kommen,

in dieser rauen und schwierig zu passierenden Berglandschaft einen Reitweg anzulegen. So verdanken wir dem Erzherzog Ludwig Salvator (1847–1915) den wohl landschaftlich eindrucksvollsten Wanderweg Mallorcas, den »Camí de S'Arxiduc«.
Dieser in jeder Beziehung bemerkenswerte Mann passte so gar nicht in das damalige Wiener k. u. k. Regime. Als ausgesprochener Freigeist schwamm er ständig gegen den Strom der Etikette und Regeln der Habsburger Monarchie an.
So wurde er schnell zum schwarzen Schaf des kaiserlichen Hofs, lehnte den üblichen Weg der Ausbildung auf der Militärakademie ab, absolvierte stattdessen ein Kapitänspatent, studierte Naturwissenschaften und Archäologie und verließ dann im Alter von 20 Jahren endgültig den Wiener Hof. So landete er 1867 auf Mallorca und verliebte sich, wie man so schön sagt, mit Haut und Haaren in die Insel. Voller Entdeckerdrang und wahrhaft akribisch bereiste und studierte er die Fauna und Flora Mallorcas, seine Geografie und Geologie, seine Kunst und Kultur, seine Industrie und Landwirtschaft und natürlich besonders die Mallorquiner selbst. Ergebnis war das wohl umfangreichste Werk, welches jemals über Mallorca geschrieben wurde, das neunbändige Kompendium »Die Balearen«. Ausgezeichnet mit einer Goldmedaille auf der Weltausstellung von 1899 in Paris, ist es noch heute das Standardwerk über die Inselgruppe. Wahrhaft legendär aber war seine Liebe zur Natur und dem Leben. Wie kein anderer machte er sich für die Natur stark. Keinem Lebewesen durfte ein Haar gekrümmt, keine Pflanze unnütz gepflückt werden. Er kaufte ganze Grundstücke, nur um die darauf befindlichen Bäume vor dem Abholzen zu schützen, erwarb altersschwache Hunde oder rettete Pferde vor der Abdeckerei.
Doch zurück zum Reitweg bzw. unserer Route, die ein mustergültiges Beispiel ist, wie man perfekt und fast unsichtbar Wege in die ursprüngliche Natur einbinden kann. Wir können uns nur wünschen, dass es hier und überall auf der Welt noch viel mehr

Reitweg des Erzherzogs 12,62 km 563 hm 2 Std.						
Nr.	km	hm	Sy	Ort	Richtung	Untergr.
1	0,00	412		Ausfahrt Parkplatz, direkt am Parkscheinautomat	links, Richtung Ampel	Asphalt
2	0,05	414		Abzweig vor der Ampel	links, in »Carrer de Na Mas«	Asphalt
3	0,10	416		Abzweig	rechts, in »Carrer De Son Gual«	Asphalt
4	0,20	420		Gabelung	halbrechts halten	Asphalt
5	0,81	432		Gabelung mit Tor	links halten, Tor queren	Schotter
6	1,01	437		Tor	geradeaus, Tor queren	Schotter
7	1,07	437		Gabelung	geradeaus, unterem Weg folgen (Abzweig kurz danach nicht einfahren!)	Schotter
8	1,79	453		Gabelung mit gemauerten Steinpfeilern rechts und links	links, aufwärts	Schotter
9	1,84	455		Tor	geradeaus, Tor queren	Schotter
10	2,30	478		Gabelung	rechts halten	Schotter
11	2,66	502		Gatter	geradeaus, Gatter queren	Schotter
12	6,85	880		kleiner Platz mit Piniengruppe, Abzweig	rechts	Trail
13	7,60	892		Abzweige	geradeaus, auf Hauptweg	Trail
14	8,97	778		spitze Rechtskurve	Kurve folgen, dann geradeaus auf aufgeschichtetes Steinrondell zu	Waldboden
15	9,01	781		Einmündung in Wanderpfad	links, auf Steinmauer zu, dann Mauer queren	Trail
16	9,32	742		Abzweig in Kurve	hart links, abwärts	Trail
17	10,13	661		Rastplatz	links	Trail
18	10,34	665		Mauer	geradeaus, durch Mauer	Trail
19	11,56	480		Gatter	halbrechts, Gatter queren	Trail
20	11,89	434		Einmündung auf Straße	rechts, abwärts, in den Ort	Asphalt
21	12,21	405		Abzweig	rechts, abwärts	Asphalt
22	12,28	399		Kreuzung, Stoppschild	links, leicht aufwärts	Asphalt
23	12,48	397		Einmündung in Hauptstraße	links, Richtung Palma	Asphalt
24	12,62	401	•	Einfahrt Parkplatz	Ziel	

Die Felsen der Tramuntana

solch engagierter Menschen wie Erzherzog Ludwig Salvator gibt und jeder von uns einen kleinen Beitrag im Geiste des »S'Arxiduc« leistet, damit sich Mallorca in Zukunft weiter so schön und vielfältig präsentiert wie zu dessen Zeiten.

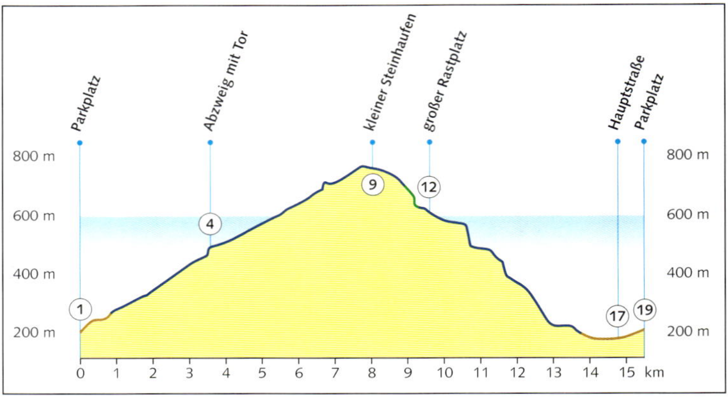

max. Höhe 767 m – ø Steigung 6 % – max. Steigung 15 %

Tour-Infos:

Länge: 15,57 Kilometer
Höhendifferenz: 582 m
Zeit: 1 Stunde 50 Minuten
Kurzkommentar: Diese Tour hat genau das Profil, das sich jeder Biker gerne wünscht: erst die Anstrengung, dann das Vergnügen. Aber selbst der anstrengende Teil ist bequem zu fahren, zieht er sich doch über etliche Serpentinen nicht zu steil bergauf. Schnell findet man seinen eigenen Rhythmus. Oben angelangt heißt es: Sattel herunter, Protektoren angeschnallt – und wie im Flug geht es abwärts. Dabei wechseln kurze felsige Passagen mit schnellen Schotter- und Waldstücken (aufgepasst: Auf dem gerölligen Untergrund rutscht man schnell mal weg!). Die Landschaft auf der Abfahrt ist beeindruckend schön, und wer auf Einsamkeit steht, kann sich gut vorstellen, hier irgendwo Wurzeln zu schlagen.

Schwierigkeitsgrad: ✲✲✲✲
Fahrtechnik: ✲✲✲✲
Kondition: ✲✲✲
Panorama: ✲✲✲✲✲

Einkehr/Rast: Hinter dem ersten Downhillteilstück liegt ein großer Wanderrastplatz. Den obligatorischen »Nach-der-Tour-Cortado« trinkt man am besten direkt im Ort auf der Plaça Mayor.
Untergrundanteil: Asphalt: 2,63 km, *Schotter:* 12,44 km, *Trails:* 0,50 km, *Tragest.:* 0,00 km

Anfahrt

Auf der Autobahn Richtung Inca (PM-27) fahren wir von der Autobahnabfahrt Marratxi in Richtung Bunyola (PM-204). Die PM-204 wechselt dann zur PM-202 und führt direkt in den Ort Bunyola.

Startplatz

Hinter dem Ortseingangsschild steht auf der rechten Seite ein Restaurant und kurz dahinter ein Kinderspielplatz, hinter dem wir gleich rechts abbiegen. Wir fahren dann bis zum letzten Haus auf der rechten Seite und parken auf einem kleinen Platz unmittelbar dahinter, der auch unser Startpunkt ist.

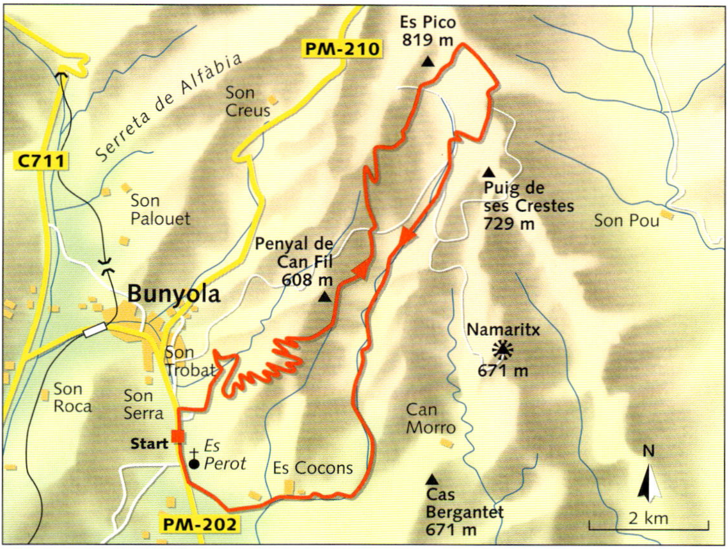

Hintergrundinfo

Der Gemeindewald von Bunyola ist mittlerweile ein sehr beliebtes Bikerevier, vor allem bei einheimischen Mountainbikern. Selbst Mountainbikerennen finden hier manchmal statt. Trotzdem wird man überwiegend allein unterwegs sein. Eher trifft man einen Wanderer oder am Wochenende auf dem großen Rastplatz

Fincaweg in Bunyola

Bunyola	**15,57 km**	**582 hm**	**1 Std. 50 Min.**			
Nr.	**km**	**hm**	**Sy**	**Ort**	**Richtung**	**Untergr.**
1	0,00	213		Parkplatz, Schild Waldbrandgefahr	Teerstraße, bergauf	Asphalt
2	0,88	279		Hauptweg, Übergang Teer/Schotter	geradeaus, Hauptweg folgen	Schotter
3	2,10	357		Tor	geradeaus, Tor queren	Schotter
4	3,64	477		Abzweig mit Tor	Kurvenverlauf aufwärts folgen	Schotter
5	5,62	607		Rechtskurve mit Abzweig, Gatter oberhalb d. Hauptweges	geradeaus (Penyals d'Honor) vom Hauptweg runter, Gatter queren	Schotter
6	6,21	664		Rechtskehre mit Abzweig	rechts, bergauf	Schotter
7	6,70	691		Verzweigung	rechts, bergauf	Schotter
8	7,38	733		Abzweig	halblinks, auf Hauptweg bergauf	Schotter
9	8,01	756		Abzweig Wanderweg, kleiner Steinhaufen als Hinweis	rechts, Hauptweg bergab folgen	Schotter
10	8,96	673		Linkskehre mit Abzweig	rechts, in Trail (Pfad) einfahren	Steine
11	9,46	626		Verzweigung mit Feuerstelle	links, bergab	Schotter
12	9,65	601		großer Rastplatz	gerade überqueren, dann steil bergab	Schotter
13	11,83	391		Gatter	geradeaus, Gatter queren	Schotter
14	12,16	346		Gatter	geradeaus, Gatter queren	Schotter
15	12,98	238		Gatter	geradeaus, Gatter queren	Schotter
16	13,82	197		Gabelung	halblinks	Asphalt
17	14,76	179		Einmündung in Hauptstraße	rechts, Hauptstraße folgen	Asphalt
18	15,41	204		Abzweig nach Spielplatz, Bushaltestelle	rechts	Asphalt
19	15,57	211	•	Parkplatz	Ziel	

(Puig Gross) Mallorquiner, die es sich beim Grillen in der freien Natur richtig gut gehen lassen. Dann wird einem Mountainbiker durchaus auch mal Bewunderung gezollt oder das Bike bestaunt. Das Hervorragende an diesem Revier ist seine Vielseitigkeit, geeignet für alle Mountainbiker vom Anfänger bis zum versierten Fahrer. Jeder kommt hier auf seine Kosten. Der lange Downhill gehört mit zum Schönsten, was Mallorca zu bieten hat, und die Landschaft strahlt eine Ruhe aus, die man heute nur noch selten findet. Bunyola selbst ist praktisch das Tor zum Tramuntanagebirge und Rekordhalter Mallorcas in Sachen Niederschlagsmenge. Die daraus resultierenden Vorteile bei der Bodenbestellung und die günstige Verkehrslage mit dem Haltepunkt an der Eisenbahnstrecke Palma – Sóller führten um die Wende zum 20. Jahrhundert zu einer gewissen wirtschaftlichen Bedeutung des Ortes. Die großen Steineichenwälder des Gemeindewaldes waren früher Rohstoffquelle für die Holzkohlebrenner. Ein verlassener Meiler begegnet uns auf der Abfahrt vom Penyals d'Honor (Kilometer 12,33). Holzkohle war früher fast der einzige Brennstoff zum Kochen und Heizen. Die sogenannten Köhler lebten fast das ganze Jahr in ihrer Hütte, schichteten Holz und überwachten den Verkohlungsprozess. Man kann sich vorstellen, dass es einiger Erfahrung bedarf, damit das Holz nicht verbrennt, aber umgekehrt der Schwelbrand auch nicht verlischt. Wer über einen festen Schlaf verfügte, war hier nicht am richtigen Platz. Ein Schwelprozess dauerte immerhin 14 bis 18 Tage. Außerdem konnte ein guter Köhler aus dem Geruch des Rauches Rückschlüsse auf den Zustand der Glut ziehen. Die rasante Nachfrage Anfang des 19. Jahrhunderts führte auch auf Mallorca zu einem Kahlschlag ganzer Landstriche. Heute ist der Beruf des Köhlers auf der Insel ausgestorben, und nur hier und da findet man noch so gut erhaltene Zeugnisse wie an dieser Route.

Freeridespaß mit Holger Meyer

Tour 12: Castell d'Alaró

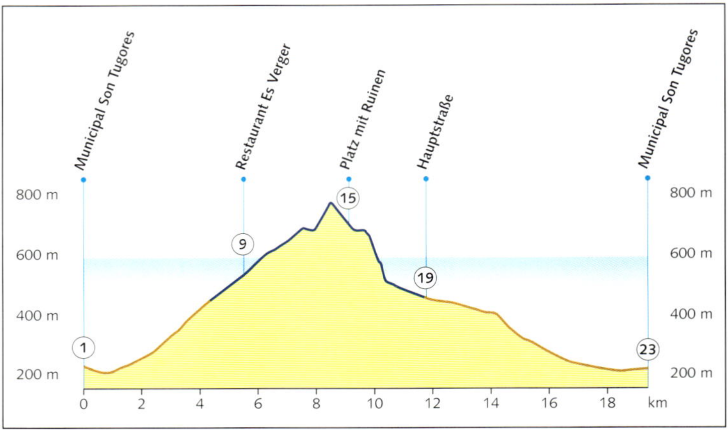

12

max. Höhe 778 m – ø Steigung 7 % – max. Steigung 19 %

Tour-Infos:

Länge: 19,32 Kilometer
Höhendifferenz: 601 m
Zeit: 2 Stunden 20 Minuten
Kurzkommentar: Der Anstieg zum Kloster ist auch für Anfänger gut zu bewältigen. Einzig das letzte Stück ist durch die Steintreppen sehr schwer zu fahren und bedarf guter Bikebeherrschung und Kondition. Es ist aber nicht lang, und daher kann man hier auch problemlos schieben. Abwärts wird die Tour dann deutlich anspruchsvoller. Enge Kurven, verblockter Untergrund und teilweise beträchtliche Gefälle erfordern viel Fahrgefühl. Hat man dann die Straße erreicht, kann man es richtig rollen lassen und ist in wenigen Minuten wieder im Ort. Highlight der Tour ist mit Sicherheit der Ausblick vom Castell. Ganz Mallorca scheint dem Biker zu Füßen liegen.

Schwierigkeitsgrad: ✲✲✲✲
Fahrtechnik: ✲✲✲✲
Kondition: ✲✲✲
Panorama: ✲✲✲✲✲✲

Einkehr/Rast: Man hat die Qual der Wahl. Auf halbem Weg stoppt man auf der Finca Es Verger. Das Ambiente ist wirklich urig, und die Zeit scheint hier stehen geblieben zu sein. Zweite Möglichkeit ist die kleine Bar direkt im Castell. Hier kann man sogar für wenig Geld richtig zünftig übernachten.
Untergrundanteil: Asphalt: 12,07 km, *Schotter:* 7,25 km, *Trails:* 0,00 km, *Tragest.:* 0,00 km

Anfahrt
Autobahn Palma – Inca/Sa Pobla, Abfahrt Binissalem/Consell. Nach dem Ortseingang Alaró den Schildern »P-Centre Vila« folgen. Dann auf dem Parkplatz »Municipal Son Tugores« das Fahrzeug stehen lassen.

Startplatz
Parkschild »Municipal Son Tugores«, direkt am Eingang des Parkplatzes.

Hintergrundinfo
Wenn man heute die friedliche und beschauliche Auffahrt zum Castell

fährt, fällt es schwer zu glauben, dass dieser Ort in der Geschichte Mallorcas einer der am stärksten umkämpften Plätze war und genau deshalb zum Symbol für die Freiheit der Insulaner wurde. Schon im 10. Jahrhundert leisteten die Inselbewohner acht Jahre lang heftigsten Widerstand gegen die Mauren, und die Burg galt eigentlich als uneinnehmbar. Später wurde der Spieß umgedreht, und die Mauren verteidigten sich hier oben über zwei Jahre lang gegen die Christen.

Um das Jahr 1285 verfestigte sich dann endgültig die Symbolwirkung, als König Jaume II. kurzzeitig die Insel verließ und dies seinen Neffen Alfons III. von Aragón dazu verleitete, die Insel zu erobern. Auch damals konnte man sich seine Verwandtschaft eben nicht aussuchen. Die Jaume II. getreuen Mallorquiner zogen sich also auf das Castell zurück und verteidigten sich von hier aus nicht nur ziemlich erfolgreich, sondern verspotteten Alfons III. auch auf das Heftigste. Dieser schwor wütend Rache und nahm schließlich die Burg ein, was die beiden anführenden Mallorquiner dann auf grausame Art das Leben kostete. Sie wurden gepfählt und geröstet, was ihren Nimbus als Nationalhelden nur noch verstärkte. Alfons III. konnte sich nicht lange an seiner Rache freuen. Er wurde wegen dieser Grausamkeit aus der Kirche ausgestoßen, und das bedeutete in der damaligen Zeit eine harte Strafe. Steht man heute auf der Burganhöhe, scheint man über der gesamten Insel zu schweben. Es ist leicht vorstellbar, dass es sehr schwer war, diesen schroff aufragenden Berg einzunehmen. Doch man sollte seine Gedanken lieber

12

Castell d'Alaró 19,32 km 601 hm 2 Std. 20 Min.						
Nr.	km	hm	Sy	Ort	Richtung	Untergr.
1	0,00	221		Parkplatzschild »Municipal Son Tugores«	hart links in Camí de Ses Barreres	Asphalt
2	0,13	217		Stoppschild an Gabelung	links	Asphalt
3	0,31	220		Kreuzung	geradeaus	Asphalt
4	1,14	217		Abzweig mit Schild »Castell d'Alaró«	links, Ausschilderung Castell d'Alaró folgen	Asphalt
5	1,50	237		Gabelung mit Wanderwegschild	rechts, Schild »Castell« folgen	Asphalt
6	3,75	402		Abzweig Wanderweg	geradeaus bleiben	Asphalt
7	4,45	461		Abzweig in Kurve (Wanderweg)	hart rechts bleiben	Schotter
8	4,70	480		Abzweig in Kurve (Wanderweg)	hart rechts bleiben	Schotter
9	5,49	537		Tor, vor dem Hof Restaurante »Es Verger«	Tor queren, dann links passieren	Schotter
10	5,63	549		Abzweig mit Kette	rechts auf Hauptweg bleiben	Schotter
11	7,42	670		Platz mit Steintreppe	geradeaus, Steintreppen folgen	Stein
12	8,06	692		Gabelung mit Wanderwegschildern	hart links, Richtung Castell die Steintreppen hoch	Stein
13	8,37	741		Platz mit Ruinen	geradeaus, Steinweg hoch	Stein
14	8,72	777		Castellhof mit Aussichtsfernrohr	umkehren	Stein
15	9,08	741		Platz mit Ruinen	geradeaus, Platz durch Torbogen verlassen	Stein
16	9,38	692		Gabelung mit Wanderwegschildern	hart rechts, Richtung Alaró/Es Ponet	Stein
17	9,98	671		Platz	Platz halbrechts abwärts auf schmalem Pfad verlassen (2 kl. Steinhaufen)	Schotter
18	10,98	503		Gabelung/Abzweig	geradeaus	Schotter
19	11,70	481		Hauptstraße mit Gatter	Gatter überqueren, dann Hauptstraße re.	Asphalt
20	18,01	216		Abzweig mit Wegweisern	geradeaus, Richtung Alaró	Asphalt
21	18,18	214		Abzweig mit Wegweisern	geradeaus, Richtung Alaró	Asphalt

22	19,19	213	↱	Abzweig mit Hinweisschild Parkplatz	rechts, Richtung Parkplatz	Asphalt
23	19,32	218	•	Parkplatzschild »Municipal Son Tugores«	Ziel	

nicht allzu sehr in einer kriegerischen Vergangenheit schweifen lassen, sondern die Landschaft, die Ruhe und die Gastfreundschaft der dort oben lebenden Einwohner genießen. In der Finca »Es Verger« (Tel. 971 18 21 26) trifft man auf ein rührendes altes Ehepaar, das hervorragende Lammkeule serviert und irgendwie der Zeit entrückt zu sein scheint. Außerdem leben hier die wohl neugierigsten Schafe der Insel, die besonders an topmodernen Mountainbikes interessiert sind. Wahrscheinlich kann man sich in ein paar Jahren das Bike von ihnen reparieren lassen. Oben im Castell selbst findet man ebenfalls eine rustikale Bar mit netter Bedienung, und für nur zwölf Euro lässt es sich dort auch bestens übernachten. Die ganze Anlage wird gerade erweitert und soll dann ein fester Bestandteil des projektierten Fernwanderweges »Ruta de Pedra en Sec« werden (Tel. 971 18 21 12 oder 971 51 04 80 – Spanischkenntnisse vorteilhaft).

Lenker gut festgehalten!

Tour 13: Tossals Verds

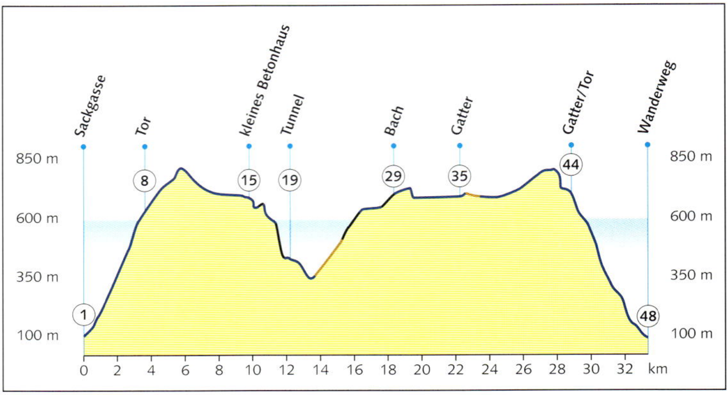

max. Höhe 846 m – ø Steigung 9 % – max. Steigung 24 %

13

Tour-Infos:

Länge: 33,21 Kilometer
Höhendifferenz: 1331 m
Zeit: 5 Stunden 10 Minuten
Kurzkommentar: Etwas leichter wäre auch ganz nett – das ist sicher ein Gedanke, der bei dieser Tour aufkommt. Vom ersten Meter gleich steil bergauf und technisch nicht einfach zu fahren, kommt man hier nur dann gut klar, wenn man schnell seinen Rhythmus findet. Nachdem man am Cúber-Stausee angekommen ist, geht es dann umgekehrt heftig wieder bergab. Selbst ein paar Tunnel muss man mehr oder weniger gebückt durchqueren (Taschenlampe ist von Vorteil). Die kurze Atempause hinauf (hier muss man sich mit Bergaufpausen zufrieden geben) zum Refugi Tossals Verds geht dann in ein anstrengendes Tragestück über. Danach führt die Route etwas lockerer wieder am Stausee vorbei und endet schließlich in einem Downhill, der noch einmal sämtliche Konzentration fordert. Geschafft – eindeutig nichts für Anfänger.

Schwierigkeitsgrad: ✲✲✲✲✲✲
Fahrtechnik: ✲✲✲✲✲✲
Kondition: ✲✲✲✲✲✲
Panorama: ✲✲✲✲✲✲

Einkehr/Rast: Das Refugi Tossals Verds auf etwa halbem Weg ist ein schöner Platz zum Entspannen und sich Stärken für den Rest der Tour. Übernachtungsmöglichkeit ganzjährig im Schlafsaal (ca. 30 Betten). Anfragen unter Telefon 971 18 20 27 (Spanischkenntnisse vorteilhaft).
Untergrundanteil: Asphalt: 2,64 km, *Schotter:* 28,22 km, *Trails:* 0,00 km, *Tragest.:* 2,35 km

Anfahrt
Anfahrt von Palma über die C711 nach Sóller. Die Tunnelpassage ist kostenpflichtig, aber deutlich schneller. Dann in Sóller Richtung »centre«, später Richtung Biniaraix. Schon in Biniaraix trifft man dann auf den Abzweig nach Fornalutx mit dem Schild »Terme Municipal de Fornalutx« direkt an der Carrer de Sant Josep. Hier

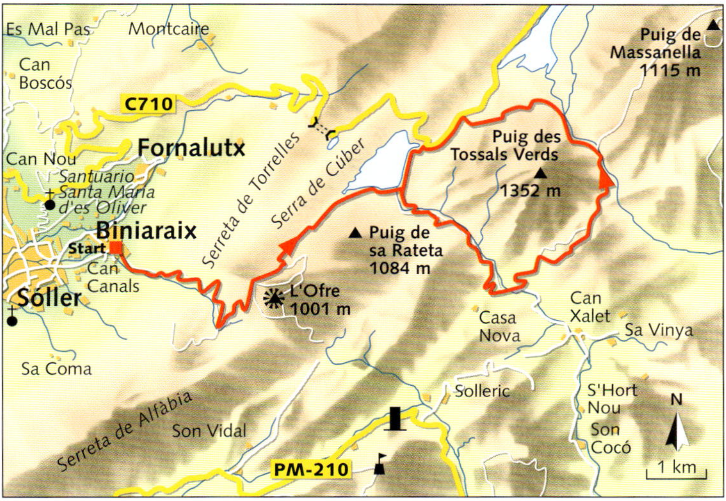

schließt sich ein kleiner Platz an, auf dem man auch das Auto parken kann.

Startplatz
Direkt vom Platz geht ein Wanderweg Richtung L'Ofre und Lluc ab. Am Schild »Camina per Mallorca« wird der Computer auf null gestellt.

Hintergrundinfo
Fast hat man das Gefühl, irgendwo in den Alpen auf einen Hochgebirgssee gestoßen zu sein. Doch so schön die Landschaft mit dem sanften Blaugrün des Cúber auch sein mag, der Beweggrund für die Anlage der Cúber- und Gorg-Blau-Stauseen hat ganz

Mitten in den Bergen

Tossals Verds 33,21 km 1331 hm 5 Std. 10 Min.

Nr.	km	hm	Sy	Ort	Richtung	Untergr.
1	0,00	106		Weggabelung, Sackgasse, Schild »Camina per Mallorca«	geradeaus, Richtung »A L'Ofre i a Lluc a peu«	Schotter
2	0,22	112		Gabelung mit Wanderwegschild GR221	geradeaus, abwärts Richtung Barranc de Biniaraix	Stein
3	0,60	147		Gabelung mit Wanderwegweiser	links, Wanderweg folgen	Stein
4	1,93	307		Gabelung mit Brücke	geradeaus, links neben der Brücke Wanderweg folgen	Stein
5	2,24	353		Gabelung mit Wanderwegweiser	geradeaus, Richtung L'Ofre, Cúber	Schotter
6	2,38	363		Gabelung	halblinks, aufwärts	Stein
7	2,49	379		Abzweig mit Wanderwegweiser	hart links, dem Wanderweg folgen	Stein
8	3,93	616		Tor	geradeaus, Tor queren	Schotter
9	4,35	641		Abzweig mit Wanderwegweiser	geradeaus, Richtung Cúber	Fels
10	4,40	648		Verzweigung mit Toren	erstes Tor queren, dann hart links aufwärts	Fels
11	4,55	677		Gabelung mit Wanderwegweiser	geradeaus, aufwärts Richtung Cúber	Schotter
12	4,89	711		Abzweig Wanderweg	geradeaus, auf breitem Schotterweg bleiben	Schotter
13	6,06	815		Abzweig Wanderweg	geradeaus, auf breitem Schotterweg bleiben	Schotter
14	8,57	724		Tor	geradeaus, Tor queren (li. ist eine Tür) u. Hauptweg folgen	Schotter
15	9,86	713		Ende der Staumauer, kleines Betonhaus	hinter dem Haus rechts, dem Pfad folgen	Schotter
16	10,50	658		Rohrleitung	links, der Rohrleitungsmauer folgen	Fels/ Waldbd.
17	11,33	603		Rohrleitungstunnel	gerade durch den Tunnel	Schotter
18	11,54	570		Rohrleitungstunnel	gerade durch den Tunnel	Stein
19	12,13	450		Tunneleingang	links, am Eingang vorbei dem Kabelschacht folgen	Fels
20	12,42	451		Felstorbogen	geradeaus, durch Torbogen, danach durch Tunnel	Stein/ Waldbd.
21	12,60	448		Ausgang Tunnel	rechts, dem Weg folgen	Schotter
22	13,30	393		Gabelung	halblinks, abwärts Richtung Tosals	Fels/ Waldbd.

13

23	13,59	356		Tor	Tor queren, dann auf Asphaltstraße links	Asphalt
24	15,32	503		Tossals Verds, kurz hinter dem Versorgungsgebäude	Gatter queren, Richtung Font des Noguer	Fels
25	15,62	549		Gabelung mit Wanderwegweiser	rechts, Richtung Font des Noguer	Fels
26	16,28	615		Gabelung mit Wanderwegweiser	links, Richtung Font des Noguer	Fels
27	17,23	676		Abzweig	geradeaus, Richtung Font des Noguer	Stein
28	18,09	704		Gatter	geradeaus, Gatter queren	Fels
29	18,30	708		Bach	geradeaus, Bach queren	Schotter
30	18,39	712		kleine Brücke	Brücke queren, dann rechts dem Wanderweg folgen	Fels
31	18,76	740		Gabelung mit Wanderwegweiser	links, Richtung Font des Noguer	Fels
32	19,23	770		Abzweig mit Wanderwegweiser	geradeaus	Fels
33	19,67	723		Gatter mit Brücke	Gatter und Brücke queren	Schotter
34	21,46	722		Gatter	geradeaus, Gatter queren	Schotter
35	22,16	721		Gatter	geradeaus, Gatter queren	Schotter
36	22,32	726		Hauptstraße/Rastplatz	links, auf d. Rastplatz, dann gleich rechts Gatter queren	Schotter
37	22,59	733		Gabelung/Asphaltstraße	links, der Asphaltstraße folgen	Asphalt
38	23,50	724		Anfang der Staumauer	Staumauer überqueren u. dem Hauptweg folgen	Schotter
39	24,76	732		Tor	geradeaus, Tor queren (Tür rechts), Richtung Biniaraix	Schotter
40	26,13	778		Abzweig Wanderweg	geradeaus, dem Hauptweg folgen	Schotter
41	27,05	845		Jesuskreuz und Abzweig	geradeaus, dem Hauptweg folgen	Schotter
42	27,12	841		Gabelung	halblinks abwärts, dem Hauptweg folgen	Schotter
43	28,78	690		Abzweig in Kurve mit Wanderwegschild	Hauptweg verlassen, links abwärts, Wanderweg Richt. Biniaraix folgen	Fels
44	28,93	660		Gatter/Tor	geradeaus, Tor queren	Fels
45	29,40	627		Gatter	geradeaus, Gatter queren	Fels
46	30,79	393		Abzweig in Kurve	rechts, d. Hauptweg folgen	Stein

13

47	30,87	379	↕	Abzweig	geradeaus, abwärts	Stein
48	33,21	124	•	Abzweig in Kurve, Einmündung Wanderweg	Ziel	

und gar nichts mit der Kopie einer Alpenlandschaft zu tun. War die Versorgung mit Trinkwasser in der Vergangenheit zwar keine Selbstverständlichkeit, aber auch kein großes Problem, hat sich durch die explosionsartige Entwicklung des Tourismus das Blatt leider gewendet. Der Grundwasserspiegel sank rapide ab, Meerwasser vermischte sich mit dem lebenswichtigen Nass. In einem der sehr trockenen Sommer Anfang der 1990er-Jahre musste die Versorgung mit Trinkwasser sogar mit Tankschiffen aus dem Ebrotal bei Valencia aufrechterhalten werden. Auch eine große Meerwasserentsalzungsanlage wurde bei Palma gebaut. Diese ist aber aufgrund der hohen Energie- und Betriebskosten die meiste Zeit abgeschaltet und nur für Notfälle gedacht. Deshalb spielen die Stauseen im regenreichen Norden immer noch eine gewisse Rolle für die Trinkwasserversorgung, und an ihrem Wasserstand kann man im Sommer sehr gut den bedrohlichen Zustand ablesen, den Hitze und Trockenheit mit sich bringen.

Wer hier fällt, fällt hart!

Das größte Problem der Wasserversorgung Mallorcas ist neben dem enormen Konsum, den der Tourismus mit sich bringt, der desolate Zustand des Wasserleitungsnetzes. Ungeheure Mengen an Süßwasser gehen auf diese Weise verloren. Auch entlang der Rohrleitung und der Kanäle am Cúber kann man diesen bedauerlichen Zustand wahrnehmen. Etliche Lecks lassen das Wasser einfach versickern.

Trotzdem sollte jeder Besucher ein gewisses Maß an Wassersparsamkeit aufbringen. Auch wenn man im Urlaub ist, braucht man nicht dreimal am Tag zu duschen oder das Wasser beim Zähneputzen einfach weiterlaufen zu lassen. Hoffen wir, dass uns durch unseren kleinen Beitrag, die Sanierung des Rohrleitungsnetzes und die Umstellung der Agrarbewässerung der Anblick eines ausgetrockneten Cúber erspart bleibt und die herrliche Hochgebirgslandschaft ihr sattes Grün behält.

Mallorquiner lieben Steinmauern.

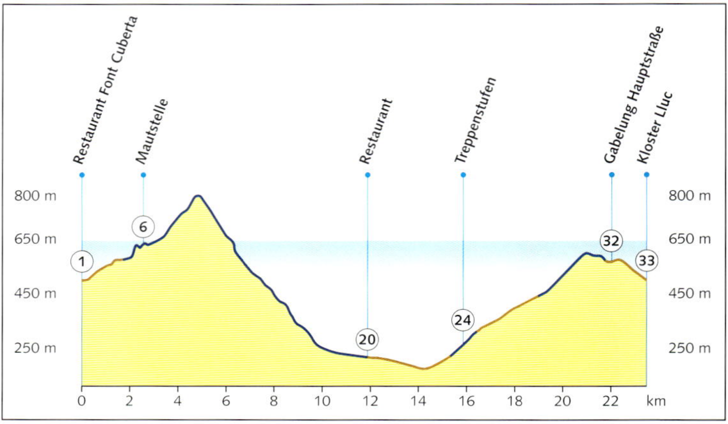

max. Höhe 811 m – ø Steigung 7 % – max. Steigung 19 %

14

Tour-Infos:

Länge: 23,42 Kilometer
Höhendifferenz: 760 m
Zeit: 2 Stunden 40 Minuten
Kurzkommentar: Wer lange schnelle Abfahrten ohne schwierige Trialpassagen liebt, ist mit dieser Tour bestens bedient. Sieben Kilometer nur bergab, da kann man das Bike richtig laufen lassen. Aber ohne Fleiß kein Preis, vorher muss man sich erst einmal auf Höhe quälen. Dabei wird man dann auch noch mit Wegezoll belegt (momentan 6,- Euro), und wenn man ordentlich durchgeschüttelt unten angekommen ist, muss man den ganzen Weg wieder hinauf. Das ist zwar anstrengend, aber das Panorama entschädigt für alles. Benutzt wird dabei fast ausschließlich der alte Pilgerweg von Inca zum Kloster. Wer Kraft sparen will, kann natürlich auch die Straße nehmen. Ordentlich rau ist dann der letzte Schotteranstieg zum sogenannten Felsentor, von wo aus man wieder einen Blick der Superlative hat. Also keinesfalls auslassen.

Schwierigkeitsgrad: ✲✲✲✲
Fahrtechnik: ✲✲✲✲
Kondition: ✲✲✲✲
Panorama: ✲✲✲✲✲

Einkehr/Rast: Tankstelle Lluc, der Radfahrertreff auf Mallorca (Mandelkuchen probieren: tarta de almendra). Alternative direkt am Kloster. Allerdings hat die Gaststätte nicht annähernd so viel Charakter, hier sollte man lieber einen Blick ins Kloster selbst werfen oder den kleinen botanischen Garten besichtigen.
Untergrundanteil: Asphalt: 8,98 km, *Schotter:* 14,44 km, *Trails:* 0,00 km, *Tragest.:* 0,00 km

Anfahrt
Von Palma auf der Autobahn Richtung Inca/Sa Pobla. Abfahrt Inca/Monastir de Lluc. Weiter den Hinweisschildern Monastir de Lluc folgen (PM-213). Von Alcúdia Richtung Pollença und in Pollença auf die C710 (Beschilderung Sóller/Lluc).

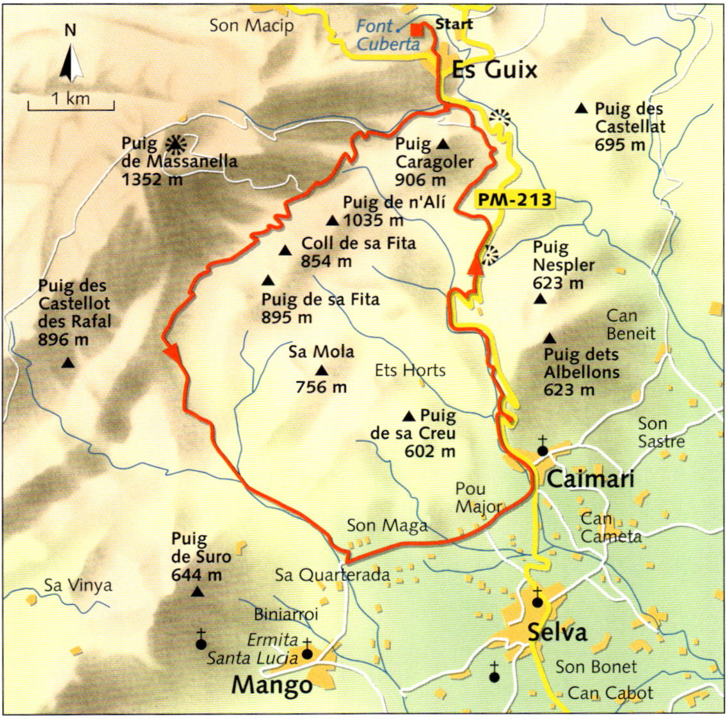

14

Startplatz

Parkplatz am Kloster Lluc mit angegliedertem Rastplatz (Bänke mit Feuerstelle). Schaut man vom Kloster auf den Platz, gibt es auf der gegenüberliegenden Seite eine Mauer, die rechts oben eine kleine Straße zum Restaurant Font Cuberta freigibt. Direkt an dieser Stelle beginnt die Tour.

Hintergrundinfo

In der rauen, teilweise dicht bewaldeten Berglandschaft der Serra Tramuntana, nahe dem zweithöchsten Gipfel, dem Puig de Massanella (1352 m), ist nur sehr wenig von Inselleben, Meer und Badespaß zu spüren. Hier herrschen die Berggeister, kein weiter Blick, nur Fels und Himmel weit und breit. Eindrucksvoll ist der Moment, wenn am Ende der Abfahrt der Gegensatz zwischen der Rauheit der Berge und der Sanftheit der Ebene mit ihren flachen Hügeln, Feldern und Wiesen deutlich wird. Im Ort Caimari verlassen wir die Straße und benutzen den alten, von Inca zum Kloster Lluc führenden Pilgerweg. Mühevoll terrassierte Felshänge mit Oliven- und Mandelbäumen säumen diesen Weg. Immerhin ist die Gegend um Caimari und Selva eines der wichtigsten Anbaugebiete für die Olive. Über die Produktion des beliebten Olivenöls kann man sich in Caimari in einer echten Ölmühle umfassend informieren. Schon weiter oben auf dem Weg zum Kloster Lluc öffnet sich rechts ein weites Tal, das Salt de la Bella Dona. Es ist sozusagen der Vorbote für einen der schönsten Aussichtspunkte im Tramuntanagebirge, das Felsentor. Von hier aus hat man einen fast unendlichen Blick, bis hin-

Puig de Massanella 23,42 km 760 hm 2 Std. 40 Min.

Nr.	km	hm	Sy	Ort	Richtung	Untergr.
1	0,00	497		großer Parkplatz/ Zufahrt zum Restaurant Font Cuberta	Restaurant Font Cuberta, Straße folgen	Asphalt
2	1,36	575		Hauptstraßenkreuzung, Kurve Asphaltstraße	geradeaus, auf Hauptstr.-kreuzung (kl. Str. verlassen), dann Richtung Palma	Asphalt
3	1,67	572		Kurve mit Einmündung Wanderweg, Steinmauer mit Tor	halbrechts, Tor queren, in Wanderweg Richtung Caimari	Schotter
4	1,92	583		Verzweigung	scharf rechts	Schotter
5	2,24	610		Abzweig in Kurve	rechts, aufwärts	Schotter
6	2,62	632		Gatter/Mautstelle (6,- Euro)	geradeaus, Gatter queren	Schotter
7	2,70	635		Gabelung	halbrechts	Schotter
8	3,08	638		Abzweig mit Steinmauer	geradeaus, Steinmauer queren	Schotter
9	3,33	651		kleiner Platz mit Steinmauer links	hart links, aufwärts	Schotter
10	3,62	689		Abzweig	links steil bergauf, dann nach 50 m Tor queren	Schotter
11	3,84	708		Abzweig	geradeaus, aufwärts	Schotter
12	3,96	723		Abzweig in Kurve	rechts, aufwärts	Schotter
13	4,82	811		Verzweigung mit zwei halbhohen Steinpfeilern rechts	geradeaus, immer dem Hauptweg bergab folgen	Schotter
14	8,06	432		Rastplatz	halblinks, abwärts	Schotter
15	8,84	352		Tor	geradeaus, Tor queren	Schotter
16	9,98	254		Gabelung, Mauerdurchbruch	geradeaus	Schotter
17	10,21	245		Tor	geradeaus, Tor queren	Schotter
18	11,76	215		Gatter	Gatter queren, dann rechts	Schotter
19	11,89	212		Gabelung mit Tor	vor dem Tor links, bis zum Restaurant	Schotter
20	11,98	213		Ausfahrt Parkplatz Restaurant	Parkpl. nach Caimari links verlassen und Straße bis Caimari folgen	Asphalt
21	14,34	176		Kreuzung Caimari	links, Richtung Lluc	Asphalt
22	14,51	181		Gabelung	links, Richtung Lluc	Asphalt
23	15,33	226		Abzweig Wanderweg in Rechtskurve der Straße, Schild »Fotografieren«	geradeaus, in Wanderweg	Schotter

24	15,91	274		»Treppenstufen 1«	geradeaus, links an den Treppen vorbei	Schotter
25	16,23	299		»Treppenstufen 2«	links	Schotter
26	16,49	313		»Treppenstufen 3«	Treppenstufen hoch, auf Hauptstraße, hier links	Asphalt
27	19,08	448		Einmündung Wanderweg in Hauptstraße, Tor	hart links Tor queren, Richtung GR222 Lluc	Schotter
28	19,90	521		Abzweig mit Wanderweghinweispfahl	geradeaus, angegebener Wanderwegrichtung folgen	Schotter
29	20,87	604		Gatter am Felsentor	geradeaus, Gatter queren	Schotter
30	21,53	578		Gabelung	geradeaus, abwärts	Schotter
31	21,78	567		Einmündung Wanderweg auf Straße, Tor	Tor queren, dann Straße Richtung Lluc folgen	Asphalt
32	22,05	559		Gabelung Hauptstraße	geradeaus, auf gr. Stein »Camí Vell de Lluc/Es Guix« zu, dann Str. darunter links	Asphalt
33	23,42	495	•	Einfahrt Parkplatz am Kloster Lluc	Ziel	

ein in die Buchten von Pollença und Alcúdia. Spätestens hier sind alle Anstrengungen vergessen. Wir verlassen diesen spektakulären Ort, indem wir durch den Namen gebenden Felstorbogen fahren, und sind in wenigen Minuten wieder in der Zivilisation, an der Tankstelle von Lluc. Diese ist inzwischen ein Treffpunkt für Radfahrer – vom Anfänger bis zum Profi – und bietet ein buntes Bild dieser Sportspezies. In dem kleinen Restaurant und auf dessen Vorplatz lässt sich wunderbar rasten und über die merkwürdigen Gegensätze unserer Welt nachdenken, die man auf nicht mal 25 Kilometern erleben konnte.

Er kann es!

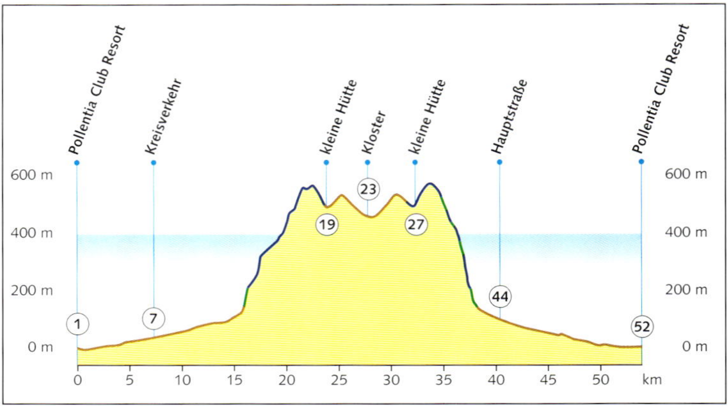

max. Höhe 578 m – ø Steigung 4 % – max. Steigung 21 %

Tour-Infos:

Länge: 53,73 Kilometer
Höhendifferenz: 811 m
Zeit: 4 Stunden 15 Minuten
Kurzkommentar: Auch wenn diese Tour mit einigen Asphaltkilometern daherkommt, sollte das keinen Mountainbiker daran hindern, sie auszuprobieren. Die Straßen sind wenig befahren, aber was viel wichtiger ist: Der Weg hinter dem Asphaltstück ist ein richtiger Leckerbissen für alle Liebhaber von rauen Pisten. Es geht also zur Sache, sowohl hinauf als auch hinunter. Da sogar noch ein wenig steiler, damit es richtig Spaß macht. Konzentration ist gefordert, denn der Hinweg zehrt an den Kräften. Das liegt vor allem an dem groben Belag. Wer daher am Kloster merkt, dass die Akkus schon ziemlich leer sind, kann auch auf der Straße nach Pollença zurückfahren. Alles in allem eine Strecke, bei der man ein Fully schätzen lernt, zumal damit auch mal der Blick frei wird für eine atemberaubend schöne Landschaft.

Schwierigkeitsgrad: ✲ ✲ ✲ ✲
Fahrtechnik: ✲ ✲ ✲ ✲
Kondition: ✲ ✲ ✲ ✲ ✲
Panorama: ✲ ✲ ✲ ✲ ✲

Einkehr/Rast: Mehrere Restaurants in der klosternahen Umgebung, z. B. »Sa Fonda« direkt im Kloster, mit schöner Atmosphäre, kulinarisch ansprechend und preiswert.
Untergrundanteil: Asphalt: 38,19 km, *Schotter:* 13,92 km, *Trails:* 1,62 km, *Tragest.:* 0,00 km

15

Anfahrt

Aus Richtung Palma von der Autobahn ab auf die C713 Richtung Alcúdia. Am Ortseingang von Alcúdia aus einem Kreisverkehr links heraus in Richtung Pt. Pollença fahren. Direkt an der Uferstraße bei KM 2.5 erreichen wir das Pollentia Club Resort und können hier das Auto bequem parken.

Startplatz

Direkt an der Bushaltestelle des Pollentia Club Resort in Richtung Pt. Pol-

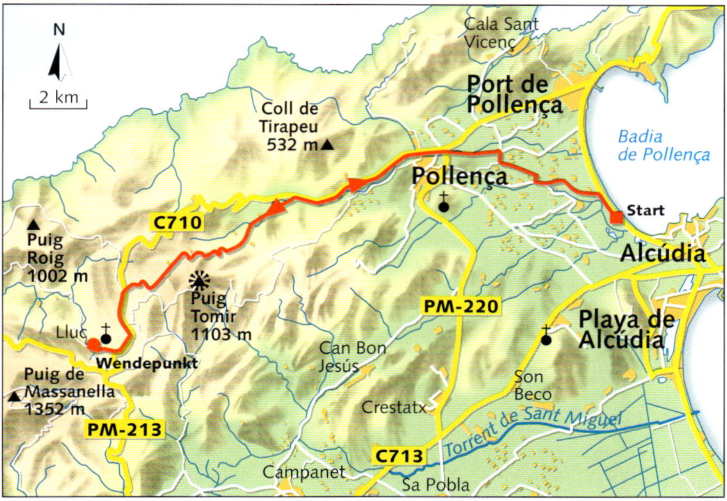

lença. Alternativ kann auch an der Abfahrt von der Hauptstraße C710 gestartet werden.

Hintergrundinfo

Wer die Vorstellung hat, dass sich hinter einem Kloster in den Bergen nur ein zurückgezogener mystischer Ort verbergen kann, wird sicher vom Kloster Lluc enttäuscht sein. Vor allem am Wochenende, wenn neben den Touristen noch zahlreiche Mallorquiner zum Zelten und Picknicken anreisen, geht es hoch her – und das im durchaus positiven Sinne, denn das Kloster Lluc ist auch heute noch der meistbesuchte Wallfahrtsort der Insel. Wer als Tourist mit offenen Augen durch die Klosterumgebung wandert, kann sicher viele Eindrücke von Land und Leuten mitnehmen. Der Legende nach fand kurz nach der Rückeroberung der Insel durch die Christen (13. Jh.) ein getaufter maurischer Hirtenjunge namens Lluc (der mallorquinische Name für Lukas) eine kleine Marienfigur. Sie hatte eine ebenso dunkle Hautfarbe wie er selbst. Erstaunt und aufgeregt darüber, brachte er sie zum Dorfpfarrer nach Escorca. Dort verschwand sie aber noch am gleichen Tag. Wen wundert es, dass sie vom kleinen Lluc am folgenden Tag an der gleichen Stelle in den Bergen wieder gefunden wurde. Dieser brachte sie abermals nach Escorca, und dieses Spiel wiederholte sich, bis dem Pfarrer in Escorca klar war, dass die Madonna dort bleiben wollte, wo sie gefunden worden war. Man entschloss sich, an Ort und Stelle eine Kapelle zu bauen. Der später folgende Ansturm der Pilger führte schließlich dazu, den Grundstein für den Bau eines ganzen Klosters zu legen. Der auf dieser Tour benutzte Weg ist einer von den dreien auch früher benutzten Pilgerwegen (Pollença, Inca, Sóller). Dieser berührt allerdings jetzt Privatland, was unlängst eine Sperrung der Durchfahrt nicht nur für uns Biker, sondern auch für die Pilger zur Folge hatte. Durch heftige Proteste der Bevölkerung konnte die Schließung wieder rückgängig gemacht werden, und so lebt für mich die Geschichte der eigenwilligen schwarzen Madonna weiter, die damals vielleicht als Symbol für die Rechte der Minderheit der Mauren stand und heute vielleicht für das Recht der Wegfreiheit steht. Neben dieser wunderbaren Sage gibt es natürlich im Kloster auch reale Dinge zu besichtigen. So findet man ein kleines, aber erstaunlich gutes Museum mit archäologischen, keramischen und kirchlich-liturgischen Objekten. Darüber hinaus lohnt sich der Besuch des botanischen Gartens und der Kirche, und wer wochentags um 11.15 Uhr (sonntags 11.00 Uhr) am Kloster ist, kann dem ältesten mallorquinischen Knabenchor, den Blauets, bei einem kurzen Auftritt zuhören. Wem das zu viel für einen Tag ist, der kann im Kloster gut und günstig übernachten (Anmeldung tägl. von 8.00–20.00 Uhr, Tel.: 971 87 15 25), Frühstück gibt es in den anliegenden Restaurants.

Lluc 53,73 km 811 hm 4 Std. 15 Min.

Nr.	km	hm	Sy	Ort	Richtung	Untergr.
1	0,00	0	↑	Pollentia Club Resort Bushaltestelle, Carretera Alcúdia – Pt. Pollença, km 2	geradeaus, Richtung Pt. Pollença	Asphalt
2	1,00	0	←	Abzweig in PMV-220-2	links, in PMV-220-2 nach Pollença	Asphalt
3	3,54	9	→	Abzweig	re., Richtung Pt. Pollença	Asphalt
4	3,77	9	←	Abzweig	links	Asphalt
5	5,48	21	←	Kreuzung	links, nach Pollença 2,0 km	Asphalt
6	7,48	39	→	Kreuzung u. Einmündung zur Hauptstr.	rechts	Asphalt
7	7,65	39	↺	Kreisverkehr	links, Richtung Lluc/Sóller	Asphalt
8	13,03	90	↖	Abzweig	links, in den Abzweig	Asphalt
9	15,56	159	→	Pfadabzweig mit Schild »GR221 Son Amer/Lluc«	rechts, den Wanderweg nach Lluc nehmen	Waldboden/Fels
10	15,91	204	→	Kreuzung am Hauptweg	rechts, Hauptweg folgen (Wanderweg nicht benutzen!)	Schotter
11	18,07	337	↑	Gatter	geradeaus, Gatter queren und Hauptweg folgen	Schotter
12	18,81	374	↑	Gatter	geradeaus, Gatter queren und Hauptweg folgen	Schotter
13	19,70	421	↑	Abzweig mit Holzwegweiser (weiß/roter Balken GR)	geradeaus	Schotter
14	20,19	459	←	Abzweig	links, bergauf	Schotter
15	20,54	479	↗	Abzweig mit Wegweiser »GR221«	rechts, über kleine Brücke	Schotter
16	20,73	487	↑	Abzweig	geradeaus	Schotter
17	21,84	564	↑	Tor/Gatter	geradeaus, Hauptweg folgen	Schotter

15

18	22,67	576		Abzweig mit zwei kleinen Steinpfählen	rechts	Schotter
19	23,76	497		Platz mit kleiner Hütte	re. Hauptweg folgen	Schotter
20	24,50	503		Gatter und Einmündung auf Hauptstr.	Gatter queren und auf der Hauptstraße links	Asphalt
21	27,15	480		Abzweig	ger.aus, z. Kloster Lluc	Asphalt
22	27,80	465		Abzweig zum Klostervorplatz	rechts, Richtung Kloster	Asphalt
23	28,01	459		Eingang zum Kloster	umkehren	Asphalt
24	28,20	465		Abzweig	links	Asphalt
25	28,88	479		Abzweig	ger.aus, Richt. Pollença	Asphalt
26	31,52	502		Abzweig von der Hauptstraße/Gatter	rechts, Gatter queren	Schotter
27	32,34	497		Platz mit kl. Hütte	links, Platz verlassen	Schotter
28	33,38	574		Abzweig mit kleinen Steinpfählen	links	Schotter
29	34,21	566		Gatter	ger.aus, Gatter queren	Schotter
30	34,94	516		Abzw. m. Wanderwegweiser GR221 Pollença	rechts, in den Pfad nach Pollença	Waldbd. Fels
31	35,22	482		Einmündung in Hauptweg/Schild »GR221«	geradeaus, nach Pollença	Schotter
32	35,52	464		Abzweig vom Hauptweg mit Schild	halbrechts, nach Pollença	Waldbd. Fels
33	35,59	454		Einmündung in Hauptweg mit Holzbalken über einer Wasserrinne	rechts, Hauptweg folgen	Schotter
34	35,73	441		Abzweig mit Holzpfahl als Wanderwegweiser	gerade in den Pfad einfahren	Waldbd. Fels
35	35,87	423		Einmündung auf Hauptweg mit Holzbalken über einer Wasserrinne	rechts, Hauptweg folgen	Schotter
36	36,38	398		Abzw. Wanderweg mit Schild »GR221 Pollença«	geradeaus, nach Pollença	Schotter
37	36,44	393		Abzweig mit Holzpfahl als Wanderwegweiser	halblinks, dem Wanderweg folgen	Waldbd. Fels
38	36,55	377		Abzweig mit Holzpfahl als Wanderwegweiser	halblinks, dem Wanderweg folgen	Waldbd. Fels
39	36,72	354		Gatter	ger.aus, Gatter queren	Schotter
40	37,52	244		Abzweig mit Wanderwegweiser	ger.aus, dem Wanderweg folgen	Schotter
41	37,62	230		Kreuzung mit Zaun und Wanderwegweiser	re., am Zaun entlang, d. Wanderweg folgen	Waldbd. Fels
42	37,77	206		Einmündung in kleine Straße	Straße überqueren, ger.aus, dem Wanderweg folgen	Waldbd. Fels

43	38,12	166	↰	Einmündung in kleine Straße	links, dem Wanderweg folgen	Asphalt
44	40,64	95	↱	Einmündung in Hauptstraße/Stoppschild	rechts	Asphalt
45	45,95	43	↑	Kreisverkehr	geradeaus, nach Inca/ Palma	Asphalt
46	46,11	43	↱	Kreisverkehr	re., Richt. Palma/Inca	Asphalt
47	46,31	43	↰	Kreuzung	links, Richt. Refugi d' Animals	Asphalt
48	48,27	24	↱	Kreuzung mit Holzhinweisschildern	re., Richtung Pt. Pollença 4,4	Asphalt
49	49,99	9	↱	Abzweig	re., Richt. Campanet 9,5	Asphalt
50	50,23	10	↰	Einmündung	links, entgegen der Richtung Campanet	Asphalt
51	52,78	1	↱	Einmündung auf Hauptstraße am Meer	re., Richtung Alcúdia	Asphalt
52	53,73	1	•	Einfahrt Pollentia Club Resort	Ziel	

Hinweis: Von Punkt Nr. 30 bis einschließlich Nr. 43 kann man einfach dem ausgeschilderten Wanderweg GR221 (rot und weißer Balken als Markierung) Richtung Pollença abwärts nachfahren.

Auf dem Weg zum »Felsentor«

Tour 16: Es Rafal

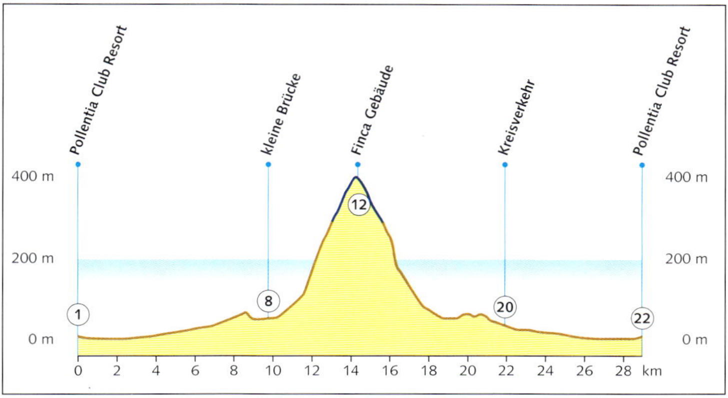

max. Höhe 406 m – ø Steigung 7 % – max. Steigung 20 %

Tour-Infos:

Länge: 28,81 Kilometer
Höhendifferenz: 475 m
Zeit: 2 Stunden 10 Minuten
Kurzkommentar: Landschaftlich schöne Tour, die sehr gut auch für Einsteiger geeignet ist. Fahrtechnisch ohne Herausforderung, aber ohne gute Grundkondition eher nicht anzuraten. Über schmale und ruhige Fincawege tastet man sich langsam an die raue Berglandschaft heran. Im Frühjahr säumen links und rechts die dann schneeweißen Mandelbäume den Weg. Später öffnet sich der Blick auf die Bucht von Pollença, und man hat das Gefühl ganz weit weg zu sein ...

Schwierigkeitsgrad: ✲ ✲ ✲
Fahrtechnik: ✲ ✲
Kondition: ✲ ✲ ✲ ✲
Panorama: ✲ ✲ ✲ ✲ ✲

Einkehr/Rast: Wenn man nicht in das Zentrum von Pollença fahren möchte, gibt es nur eine Alternative, nämlich Picknick auf dem Land. Man genießt die Ruhe (höchstens unterbrochen vom Blöken der Schafe), den Ausblick und den Duft der Erde.
Untergrundanteil: Asphalt: 26,37 km, *Schotter:* 2,44 km, *Trails:* 0,00 km, *Tragest.:* 0,00 km

16

Anfahrt

Aus Richtung Palma fahren wir von der Autobahn ab auf die C713 Richtung Alcúdia. Am Ortseingang von Alcúdia fahren wir aus einem Kreisverkehr links heraus in Richtung Pt. Pollença. Direkt an der Uferstraße bei KM 2.5 erreichen wir das Pollentia Club Resort und können hier das Auto parken.

Startplatz

Direkt an der Bushaltestelle des Pollentia Club Resort in Richtung Pt. Pollença.

Hintergrundinfo

Wenn man dieser Route einen Namen geben müsste, dann wäre das für mich die »Wort-zum-Sonntag-Tour«. Auf dieser Insel gibt es eigentlich kaum einen Ort, auf dem nicht ein

16

Hauch von Geschichte liegt. Die Reiseführer sind voll davon. Pollença macht da keine Ausnahme. Es gibt Punkte auf dieser Strecke, wo die Zeit stehen geblieben zu sein scheint. Ein solcher ist zum Beispiel die kleine Kapelle »Roser Vell« am Ortsrand von Pollença. Dort beginnt unser wunderschöner Weg in die Berge. Der Legende nach bat etwa Anfang des 14. Jahrhunderts ein vom Sturm geretteter Fischer um die Errichtung dieser Kapelle zur Verehrung der Madonna im Rosenkranz. Sie habe sein Flehen erhört, ihn nicht in den Wellen untergehen zu lassen. Ein keineswegs einflussreicher Mann, sondern ein hart arbeitender, ganz normaler Fischer, der jeden Tag auf das Meer hinausmusste, um seinen Lebensunterhalt zu verdienen, und der dabei (und trotzdem) Lust am Leben hatte, wollte aus Dankbarkeit und Respekt etwas Besonderes tun. Ich wäre sicher nicht auf die Idee gekommen, eine Kapelle zu bauen. Die Zeiten haben sich geändert und vielleicht auch unser Verständnis von Dankbarkeit. Aber solche Geschichten passen zu diesem Land und seinen Wegen und ganz besonders zu diesem, und so bin ich heute dankbar, dass ich ihn fahren und genießen kann. Genießen Sie ihn ebenfalls!

Downhill zum Meer

Tour 16: Es Rafal

Es Rafal 28,81 km 475 hm 2 Std. 10 Min.

Nr.	km	hm	Sy	Ort	Richtung	Untergr.
1	0,00	2		Pollentia Club Resort Bushaltestelle, Carretera Alcúdia – Pollença, km 2	Pt. Pollença	Asphalt
2	1,00	1		Abzweig Pollença PM-V-220-2	links, Richt. Pollença in die PM-V-220-2	Asphalt
3	6,90	38		Kreisverkehr	gerade, in Richtung Innenstadt fahren	Asphalt
4	7,10	39		Kreuzung/Stoppschild (Carrer de Cécili Metel)	li., in »Carrer de Cécili Metel«, Richt. centre	Asphalt
5	7,79	51		Abzweig in »Carrer de Sor Cifre de Colonia«	re., d. »Carrer de Sor Cifre de Colonia« folg.	Asphalt
6	7,91	51		Abzweig	links	Asphalt
7	8,02	54		Gabelung am Oratorio (kl. Kapelle)	geradeaus, rechts an der Kapelle vorbei	Asphalt
8	9,90	53		kleine Brücke	rechts	Asphalt
9	12,99	295		Gabelung/Strom-masten	links	Asphalt
10	13,10	307		Gatter	ger.aus, Gatter queren	Schotter
11	13,45	345		Gatter	ger.aus, Gatter queren	Schotter
12	14,27	402		Finca, Gebäude	umkehren	Schotter
13	15,09	346		Gatter	ger.aus, Gatter queren	Schotter
14	15,45	310		Gatter	ger.aus, Gatter queren	Asphalt
15	18,64	56		kleine Brücke	links	Asphalt
16	20,50	58		Stoppschild an der kleinen Kapelle	geradeaus	Asphalt
17	20,88	51		kleiner Platz mit Ladengeschäft »TABACS«	rechts, in »Carrer del Puig de Maria«	Asphalt
18	21,06	50		Tankstelle	links, in d. Hauptstraße	Asphalt
19	21,72	43		Einmündung in Hauptstraße	rechts, bis zum Kreisverkehr	Asphalt
20	21,87	44		Kreisverkehr	hart links, Richtung Badia de Pollensa in »Camí de S'Almadraba«	Asphalt
21	27,87	3		Einmündung in Uferhauptstraße	rechts, Richtung Palma	Asphalt
22	28,81	2	•	Einfahrt Pollentia Club Resort	Ziel	

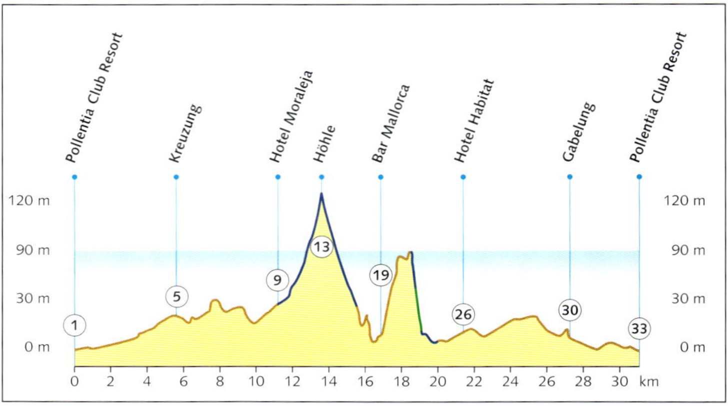

max. Höhe 126 m – ø Steigung 3 % – max. Steigung 15 %

Tour-Infos:

Länge: 30,89 Kilometer
Höhendifferenz: 282 m
Zeit: 2 Stunden 15 Minuten
Kurzkommentar: Leichte, aber dafür mit reichen Ausblicken gesegnete Tour. Nirgendwo ist das Meer so blau wie hier!
Die Schotterstücke sind gut zu fahren, es gibt moderate Steigungen und Gefälle mit unkompliziertem Untergrund.
Das Trailstück hat Schwierigkeitsgrad 6, man kann das Bike aber auch tragen (ca. 10 min). Das reduziert auf jeden Fall die Sturzgefahr.

Schwierigkeitsgrad: ✲✲
Fahrtechnik: ✲✲
Kondition: ✲✲✲
Panorama: ✲✲✲✲✲✲

Einkehr/Rast: Bar Mallorca, direkt an der zweiten Sandbucht in Sant Vicenç. Der Kaffee ist gut und die Bocadillos sind auch nicht schlecht.
Untergrundanteil: Asphalt: 24,55 km, *Schotter:* 6,07 km, *Trails:* 0,27 km, *Tragest.:* 0,00 km

Anfahrt

Aus Richtung Palma von der Autobahn abfahren auf die C713 Richtung Alcúdia. Am Ortseingang von Alcúdia aus dem Kreisverkehr links herausfahren in Richtung Pt. Pollença. Direkt an der Uferstraße bei KM 2.5 erreichen wir das Pollentia Club Resort und können hier das Auto bequem parken.

Startplatz

Direkt an der Bushaltestelle des Pollentia Club Resort in Richtung Pt. Pollença.

Hintergrundinfo

Auch in Sant Vicenç hat der Fremdenverkehr vollständig die einstig vorherrschende Berufssparte der Fischerei verdrängt. Nur noch in der ersten Bucht der Cala Barques findet man ein Bootshaus mit einem einzigen verbliebenen Fischerboot. Der Ort wird durch vier kleine, aneinandergereihte Buchten geformt, der schon erwähnten Cala Barques, der Cala Clara, der Cala Molins und der Cala Carbó. Fährt man diese Buchten ab, genießt man ein einmaliges Farbenspiel der verschiedenen Blau- und

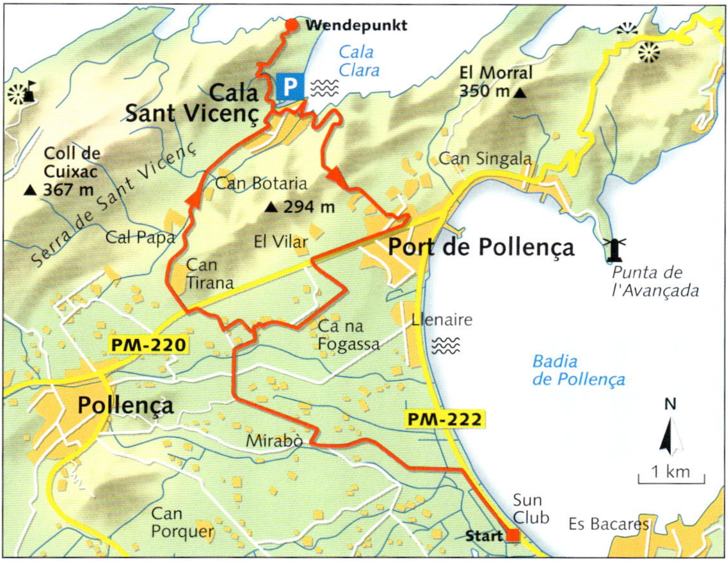

Grüntöne des Meeres, wie man es nirgendwo sonst auf der Insel findet. Auf jeden Fall empfiehlt sich ein erfrischendes Bad in diesem glasklaren Wasser. Aufpassen muss man allerdings mit der oft auftretenden Sogströmung (Badeverbot beachten!). Ich empfehle die felsige Cala Carbó. Sie ist die ursprünglichste und mit den an Land liegenden kleinen Ruderbooten auch die malerischste der Buchten. Die wunderschöne Landschaft um Sant Vicenç ist die große Stärke dieser Tour.

Die Auffahrt zum Puig de l' Aguila bietet ein Bilderbuchpanorama. Schluss ist am Höhleneingang der ehemaligen Verteidigungsanlage, dann ist eine Weiterfahrt mit dem Bike unmöglich, aber der Ausblick ist märchenhaft. Für Archäologieinteressierte sei noch erwähnt, dass auf dem Hinweg, gleich am Ortseingang, eine Begräbnisstätte aus der Zeit um 1500 vor Christus besichtigt werden kann. Sie wird der vortalayotischen Höhlenkultur zugeordnet, entstammt also der Vor-Eisenzeit. Außerdem gibt es in der Siedlungszone von Els Alziners (die Steineichen) mehrere prähistorische Höhlen aus der jüngeren Stein- und der beginnenden Bronzezeit.

Hoffen wir nur, dass die einfallslose Hotelarchitektur nicht ebenso so lange besteht.

Grasmeer auf Formentor

Cala Sant Vicenç 30,89 km 282 hm 2 Std. 15 Min.						
Nr.	km	hm	Sy	Ort	Richtung	Untergr.
1	0,00	1		Pollentia Club Resort Bushaltestelle, Carretera Alcúdia – Pt. Pollença, km 2	Pt. Pollença	Asphalt
2	1,00	0		Abzweig Pollença PM-V-220-2	links, nach Pollença in die PM-V-220-2 einfahren	Asphalt
3	3,54	11		Abzweig, Holzschild Port de Pollença 3,5	rechts, nach Pt. Pollença	Asphalt
4	3,78	12		Abzw. m. Radschildern	links	Asphalt
5	5,49	24		Kreuzung	Richtung Refugi d'Animals, auf Asphaltstraße bleiben	Asphalt
6	6,40	22		Gabelung	links, Hauptweg folgen	Asphalt
7	7,52	30		Hauptstraße Pt. Pollença – Pollença	links, Richtung Palma/ Pollença	Asphalt
8	7,69	30		Abzweig Cala Sant Vicenç	rechts, in PMV-220-3 nach Cala Sant Vicenç	Asphalt
9	11,28	33		Hotel Moraleja – Oldtimerausstellungshalle	links, in den Wald	Schotter
10	11,39	34		Abzweig, Gatter	rechts, durch Gatter	Schotter
11	11,59	33		Gabelung, Gatter	halblinks geradeaus	Schotter
12	11,75	41		Eisentor	durch kl. Tür, re. abbiegen	Schotter
13	13,67	126		Eingang Höhle	umkehren	Schotter
14	15,58	41		Eisentor	durch kl. Tür, li. abbiegen	Schotter
15	15,75	32		Gabelung, Gatter	links	Schotter/ Asphalt
16	15,80	30		Stufen	Stufen abwärts, geradeaus	Stufen
17	15,87	21		Straßeneinmündung	links, der Straße folgen	Asphalt
18	16,15	21		Gabelung	links	Asphalt
19	16,75	7		Bar Mallorca, Parkplatz	links, in Straße am Meer einbiegen	Asphalt
20	17,90	62		Gabelung	geradeaus	Asphalt
21	18,13	75		Platz	links, Strommastenverlauf folgen (dieser Weg geht später in Wanderpfad über)	Schotter
22	19,66	9		Tor	geradeaus passieren	Schotter
23	20,13	9		Straßeneinmündung	links, Straße folgen	Asphalt
24	20,55	5		mehrspurige Hauptstr., Supermarkt Caprabo	rechts, bis Kreisverkehr	Asphalt
25	20,68	6		Kreisverkehr	rechts, nach Pollença/ Palma	Asphalt
26	21,25	10		Kreisverkehr am Hotel Habitat	geradeaus, nach Pollença/ Palma	Asphalt

17

27	22,19	16		Abzweig von der Hauptstraße	links, in Camí de Can Seguinot	Asphalt
28	24,55	27		Abzweig	gerade, dem Camí de Can Seguinot folgen	Asphalt
29	25,46	31		Kreuzung	geradeaus, Richt. Pollença	Asphalt
30	27,17	11		Gabelung	rechts, Richt. Campanet	Asphalt
31	27,40	12		Gabelung	links, entgegen der Richt. nach Campanet	Asphalt
32	29,94	3		Einmündung auf Hauptstraße	rechts, Richtung Alcúdia/ Palma	Asphalt
33	30,89	2	•	Einfahrt Pollentia Club Resort	Ziel	

Mallorcas Buchten – rau, aber wunderschön

Tour 18: Cala Murta/Cala Figuera

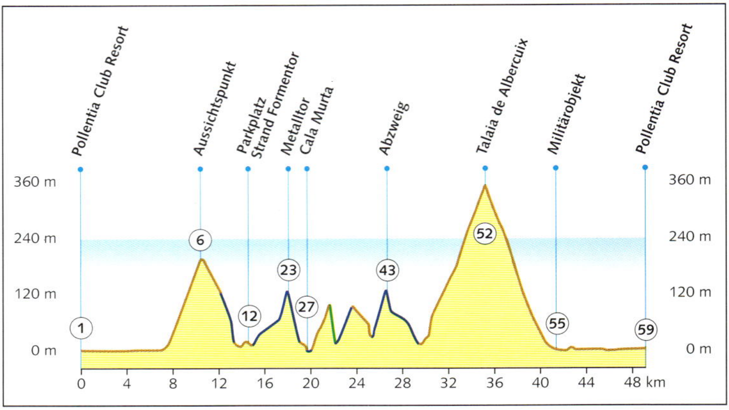

max. Höhe 352 m – ø Steigung 5 % – max. Steigung 17 %

Tour-Infos:

Länge: 49,12 Kilometer
Höhendifferenz: 1012 m
Zeit: 4 Stunden 15 Minuten
Kurzkommentar: Anstrengende, recht wellige und vor allem abwechslungsreiche Tour mit viel Nähe zum Wasser und zwei sehr sehenswerten Buchten (Badezeug nicht vergessen!). Die wirklich schwierigen Anstiege sind eher kurz und daher leicht zu überstehen. Bei den langen Aufwärtspassagen hat man meist Asphalt, was gerade am Ende von Vorteil ist. Großen Spaß macht der Downhill zur Cala Murta.
Achtung: Ab dem Hotel Formentor bis zum ersten Tor in den Bergen bewegen wir uns auf Privatgelände. Das wird manchmal nicht gerne gesehen. Freundlichkeit hilft immer. Schlimmstenfalls weicht man ein Stück auf die Straße aus.

Schwierigkeitsgrad: ✲✲✲✲
Fahrtechnik: ✲✲✲✲
Kondition: ✲✲✲✲✲
Panorama: ✲✲✲✲✲✲

Einkehr/Rast: Die Bars an der Cala Pi sind schlecht und teuer. Hier sollte man nur zur Not einkehren. Besser sucht man sich an der Promenade von Pt. Pollença ein nettes Café.
Untergrundanteil: Asphalt: 37,12 km, *Schotter:* 11,60 km, *Trails:* 0,38 km, *Tragest.:* 0,02 km

18

Anfahrt

Aus Richtung Palma von der Autobahn ab auf die C713 Richtung Alcúdia fahren. Am Ortseingang von Alcúdia aus einem Kreisverkehr links heraus in Richtung Pt. Pollença. Direkt an der Uferstraße bei KM 2.5 erreichen wir das Pollentia Club Resort und können hier das Auto bequem parken.

Startplatz

Direkt an der Bushaltestelle des Pollentia Club Resort in Richtung Pt. Pollença.

Hintergrundinfo

Die Halbinsel Formentor gehört mit Sicherheit ins Standardbesichtigungsprogramm eines jeden Mallorcatouristen. Leider – muss man sa-

gen, denn im Sommer zwischen 11.00 Uhr vormittags und 16.00 Uhr am Nachmittag wird das Naturschauspiel Formentor durch dicksten Leihwagenverkehr ziemlich vermiest.
Gut, dass es abseits der einzigen Straße zum Cap noch einen Trail gibt, der nicht von Autos befahren werden kann, denn dieser Flecken Erde ist wirklich eine Reise wert. Die Halbinsel ging bis heute durch viele private Hände. In unserer Zeit berühmt geworden ist sie aber erst durch das nach ihr benannte Hotel, in dem bis heute so mancher prominente Gast zumindest ein paar schöne Stunden seines Lebens verbracht hat. So hatte Sir Peter Ustinov hier eine spezielle Suite, und Altbundeskanzler Helmut Schmidt wanderte von hier aus mit seiner Frau Loki durch die Berge. Wen sollte das wundern?
Der herrliche Anblick der feinsandigen Cala Pi mit ihrem dichten Pinienbestand und die umliegenden Berge verzaubern sicher jeden von uns.
Das Hotel wurde 1929 von einem vermögenden Argentinier namens Adan Diehl eröffnet. Die Legende berichtet, dass die ersten Gäste zwei Engländerinnen gewesen seien, die von einem Unwetter gezwungen wurden, in der Cala Pi an Land zu gehen. Dabei half ihnen der betuchte Argentinier, wurde aber von den beiden Gästen für einen Hotelangestellten gehalten und mit einer Pesete Trinkgeld bedacht. Diese eine Pesete, so erzählte später Señor Diehl, sei das einzige Geld gewesen, das er an dem Hotel verdient habe. Das scheint nicht gelogen, denn alsbald standen Finca und Hotel zum Verkauf. Auch noch in heutiger Zeit wird vermutet, dass trotz vieler Prominenz und hier stattfindender G7-Gipfel die Geschäfte immer noch nicht wirklich gut laufen. Von der Cala Pi aus benutzen wir den alten Ver-

18

Cala Murta/Cala Figuera 49,12 km 1012 hm 4 Std. 15 Min.						
Nr.	km	hm	Sy	Ort	Richtung	Untergr.
1	0,00	1		Pollentia Club Resort Bushaltestelle, Carretera Alcúdia – Pt. Pollença, km 2	Pt. Pollença	Asphalt
2	5,15	0		Kreisverkehr	Formentor, PM-221	Asphalt
3	5,26	0		Weggabelung mit Schild Formentor	re., Richtung Formentor	Asphalt
4	6,88	5		Einfahrt zum Militärstützpunkt	links, Formentor PM-221	Asphalt
5	7,15	5		Kreisverkehr	rechts, Richtung Cap Formentor PM-221	Asphalt
6	10,46	205		Parkplatz am Aussichtspunkt	halbrechts, abwärts, Richtung Cap Formentor	Asphalt
7	12,09	120		Abzweig mit Kette in Kurve	geradeaus, Kette queren	Schotter
8	12,99	67		Abzweig	links, abwärts, Richtung Strommasten	Schotter
9	13,38	12		Verzweigung	links	Waldbd.
10	13,50	7		Einmündung mit Kette auf Asphaltstraße	Kette queren und links der Straße folgen	Asphalt
11	14,39	15		Einmünd. in Hauptstr.	re., Richtung Formentor	Asphalt
12	14,70	5		Abzweig am Parkplatz Strand/Hotel Formentor	links, auf den Parkplatz, bis zum Ende überqueren	Asphalt
13	15,05	7		Ende Parkplatz mit Tor	geradeaus, Tor queren (links vom Gatter)	Schotter
14	15,44	30		großer offener Platz	ger.aus, Platz überqueren, Richtung Steingebäude	Schotter
15	15,69	30		Gabelung	halbrechts	Waldbd.
16	15,83	32		Gabelung	geradeaus	Schotter
17	16,06	40		Gabelung	geradeaus	Schotter
18	16,80	65		Gabelung	geradeaus	Schotter
19	17,42	75		Gabelung	rechts	Schotter
20	17,61	75		Gabelung	rechts	Schotter
21	17,79	105		Gabelung	rechts	Schotter
22	17,90	125		Abzweig	links	Schotter
23	18,07	110		Metalltor	geradeaus, Tor queren	Schotter
24	18,94	40		Abzweig	geradeaus	Schotter
25	19,17	20		Einmünd. in Asphaltweg	halbrechts	Asphalt
26	19,68	0		Abzweig vor Eisentor	vor d. Tor rechts, zum Rastplatz der Bucht Cala Murta	Schotter
27	19,75	0		Rastplatz Cala Murta	umkehren	Schotter

28	20,34	20		Gabelung, kleine Brücke	halbrechts, Asphaltweg folgen	Asphalt
29	21,26	56		Gabelung am Steinhaus	halbrechts, d. Asphaltweg bis zum Eisentor folgen	Asphalt
30	21,39	68		Eisentor	geradeaus, Tor queren	Asphalt
31	21,49	77		Einmündung auf Hauptstraße, Kette	Kette queren, dann rechts, Hauptstr. folgen	Asphalt
32	21,65	89		Einfahrt auf Schotterparkplatz	Parkpl. gerade überquer. (bis Maueröffnung), dann Trail abwärts folgen	Schotter
33	22,12	10		kleiner Platz, oberhalb der Bucht	links, Schotterweg aufwärts	Schotter
34	23,38	77		kleine Waldlichtung mit Zaun	li., auf kleinen Pfad Richt. Asphaltstr., dann Straße links folgen	Asphalt
35	24,17	75		Abzweig mit Wegweiser »Cala Murta«, Sackgassenschild	re., Richtung Cala Murta bis zum Tor	Asphalt
36	24,27	71		Eisentor	geradeaus, Tor queren	Asphalt
37	24,33	68		Abzweig auf Waldweg	links, Asphaltweg folgen	Asphalt
38	25,32	17		Abzw., kl. Betonbrücke	rechts, aufwärts	Schotter
39	25,55	24		Gabelung, ausgetrocknete Wasserrinne	links, aufwärts	Schotter
40	26,43	110		Metalltor	geradeaus, Tor queren	Schotter
41	26,61	125		Gabelung	rechts, abwärts	Schotter
42	26,71	113		Abzweig	hart links	Schotter
43	26,89	93		Abzweig	geradeaus	Schotter
44	27,08	75		Gabelung	links	Schotter
45	27,54	69		Abzweig	geradeaus	Schotter
46	27,70	62		Gabelung	links	Schotter
47	28,97	30		großer offener Platz	Platz gerade überqueren, am Ende rechts abwärts	Schotter
48	29,16	25		Gabelung	links	Schotter
49	29,40	9		Tor vor dem Parkplatz Strand Formentor	ger.aus, Tor queren, dann Parkpl. ger. überqueren	Asphalt
50	29,73	5		Ausfahrt Parkplatz Strand Formentor	re., der Hauptstraße nach Pt. Pollença folgen	Asphalt
51	33,25	205		Abzweig am Parkplatz Aussichtspunkt	links, aufwärts	Asphalt
52	35,58	352		Ende der Straße, Talaia de Albercuix	umkehren	Asphalt
53	37,89	205		Parkplatz am Aussichtspunkt	links, abwärts	Asphalt
54	41,17	5		Kreisverkehr	links, in den Ort	Asphalt

55	41,49	3	┳	Abzw. am Militärobjekt	rechts	Asphalt
56	42,71	0	┣	Abzweig	rechts, Richtung Alcúdia	Asphalt
57	43,70	0	┳	Einmündung mit Ampel	links, Richtung Alcúdia	Asphalt
58	44,00	0	○	Kreisverkehr	rechts, Richtung Alcúdia	Asphalt
59	49,12	0	•	Einfahrt Pollentia Club Resort	Ziel	

sorgungsweg für den Leuchtturmwärter und landen schließlich in der Cala Murta, einer winzigen Bucht mit glatt geschliffenen Kieselsteinen. Dem Verlangen, hier ein Bad zu nehmen, sollte man auf jeden Fall nachgeben. Man ist hier meist allein, und das Wasser klar und erfrischend.
Deutlich rauer, aber nicht weniger bezaubernd ist dann die weiter aufwärts liegende Cala Figuera; schlussendlich gibt es dann wieder einen dieser Mallorcatürme, den Talaia de Albercuix, mit einem, nennen wir es ruhig so, Megaausblick.
Nicht Teil dieser Tour ist der Leuchtturm selbst am Ende der Halbinsel. 1863 eingeweiht, erreicht man ihn, zumindest im Moment noch, nur über die Landstraße. Wer sich das bei dem oben beschriebenen Verkehr antun will, kann sich dann zumindest am Fuße des Leuchtturms in einer kleinen Bar erfrischen und sieht mit etwas Glück die Nachbarinsel Menorca.

Regen im Anmarsch – im Sommer ein seltenes Bild

Abwärts geht es immer schnell, …

… aber Konzentration ist nötig!

Tour 19: Puig de Santa Maria

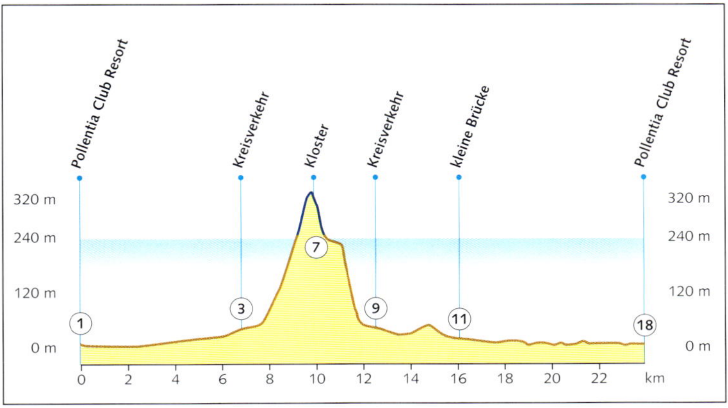

max. Höhe 316 m – ø Steigung 7 % – max. Steigung 19 %

Tour-Infos:

Länge: 23,95 Kilometer
Höhendifferenz: 343 m
Zeit: 1 Stunde 50 Minuten
Kurzkommentar: Kurze Runde für Biker, die festen Boden unter den Füßen mögen. Auf kleinen und wenig befahrenen Fincawegen geht es zum Fuß des Puig de Santa Maria. Der dann folgende Anstieg zum Kloster hat es wirklich in sich. Auf zwei Kilometern werden hier die Höhenmeter gemacht.
Bei durchschnittlich 12 % Steigung geht der Puls auf Anschlag. Das letzte Stück ist der original erhaltene Versorgungsweg zum Kloster, an dem es sich zu messen gilt. Wer hier noch fahren will, muss neben sehr guter Kondition und Kraft auch eine gute Fahrtechnik vorweisen; und wer es schafft, in einem Zug nach oben zu gelangen, dem verleihe ich die »Puig-Maria-Krone«. Lohn der Mühe sind eine phänomenale Rundumsicht, die vor uns liegende rasante Abfahrt und der Blick auf die zahlreichen kleinen und stillen Fincas, die uns auf dem Rückweg wieder entspannen lassen.

Schwierigkeitsgrad: ✲✲✲
Fahrtechnik: ✲✲✲
Kondition: ✲✲✲
Panorama: ✲✲✲✲✲

Einkehr/Rast: Kleine Bar im Innern des Klosters. Man kann hier auch für kleines Geld übernachten und den Abend am klostereigenen Grill verbringen, den Sternenhimmel genießen und über Gott und die Welt nachdenken.
Untergrundanteil: Asphalt: 22,74 km, *Schotter:* 1,48 km, *Trails:* 0,00 km, *Tragest.:* 0,00 km

Anfahrt

Aus Richtung Palma von der Autobahn ab auf die C713 Richtung Alcúdia. Am Ortseingang von Alcúdia aus einem Kreisverkehr links heraus in Richtung Pt. Pollença fahren. Direkt an der Uferstraße bei KM 2.5 erreichen wir das Pollentia Club Resort und können hier das Auto parken.

Startplatz
Direkt an der Bushaltestelle des Pollentia Club Resort in Richtung Pt. Pollença.

Hintergrundinfo
Wie um so viele Orte auf Mallorca rankt sich auch um diesen Routenhöhepunkt, den Puig de Santa Maria, eine Legende. Nach dieser beobachtete eines Tages eine Familie von einem nahe gelegenen Berg aus ein Licht am Puig. Zusammen mit den Dorfbewohnern machte sie sich daraufhin auf und entdeckte eine leuchtende Madonnenfigur. Der Versuch, die Madonnenfigur herunter nach Pollença zu bringen, scheiterte, weil die Figur mit jedem Schritt vom Fundort weg schwerer wurde. Kehrte man jedoch um, verlor sie wieder an Gewicht. Schnell verstand man, dass die Jungfrau oben bleiben wollte, und beschloss daraufhin, dort eine Kapelle

Achtung, Kopf einziehen!

Puig de Santa Maria 23,95 km 343 hm 1 Std. 50 Min.						
Nr.	km	hm	Sy	Ort	Richtung	Untergr.
1	0,00	1		Pollentia Club Resort Bushaltestelle, Carretera Alcúdia – Pt. Pollença, km 2	Pt. Pollença	Asphalt
2	1,00	1		Abzweig Pollença PM-V-220-2	links, Richtung Pollença in die PM-V-220-2	Asphalt
3	6,90	40		Kreisverkehr	li., Richt. Palma MA-2200	Asphalt
4	7,50	48		Kreuzung	li., Puig de Santa Maria	Asphalt
5	9,14	227		kleiner Platz mit Müllcontainern	Steinstufen hochfahren	Stein/ Fels
6	9,60	291		Gabelung	Steinstufen folgen	Stein/ Fels
7	9,88	314		Klosterhofrückseite, kl. Steintisch mit Ausblick Pt. Pollença, Alcúdia	Umkehrpunkt	Stein/ Fels
8	12,14	48		Kreuzung	rechts, Richt. Pt. Pollença	Asphalt
9	12,66	40		Kreisverkehr	rechts, Richtung Alcúdia	Asphalt
10	15,70	21		Abzweig	links, in Camí de la Font de Mal Any	Asphalt
11	16,08	15		Abzweig, kleine Brücke	weiter in Richtung Camí de la Font de Mal Any	Asphalt
12	17,23	11		Abzweig	rechts gerade	Asphalt
13	18,95	9		Kreuzung, Stoppstraße	rechts abbiegen	Asphalt
14	20,28	8		Gabelung	links	Asphalt
15	21,25	8		Abzweig	geradeaus	Asphalt
16	21,64	7		Kreuzung, Stoppstraße	links	Asphalt
17	21,86	5		Kreuzung, Hauptstraße	links, aus Alcúdia heraus in Richtung Pt. Pollença	Asphalt
18	23,95	2	•	Einfahrt zum Pollentia Club Resort	Ziel	

zu bauen. Zur Grundsteinlegung und der damit verbundenen Dankesmesse pilgerte das ganze Dorf auf den Puig, und dort geschah ein weiteres Wunder. Die Madonnenfigur entwich den Händen des weihenden Priesters, zog einen Kreis um die Gemeinde und kehrte danach wieder in die Hände des Priesters zurück. Die Darstellung dieses Wunders zeigt ein Gemälde aus dem 17. Jahrhundert in der Eingangshalle des Klosters.

Hat man den Asphaltweg hinter sich, »rollt« man auf dem wiederhergestellten Einsiedlerweg aus dem 14./15. Jahrhundert bis zum Kloster mit seinen verschiedenen Gebäuden wie Wehrturm und Kirche mit einem kleinen Museumsraum. Das Kloster (14.–15. Jh.) selbst setzt sich zusammen aus den im ursprünglichen Stil erhaltenen Küchen mit Hof und holzbeheiztem Backofen, den Zellen und dem Speisesaal mit einem Trinkwasserbrunnen. Alle Nebengebäude sind öffentlich und frei nutzbar, inklusive des atemberaubenden Blickes von der Küchenterrasse auf die Buchten von Pollença und Alcúdia, der Cala Sant Vicenç und dem Cap Formentor. Eine Übernachtung in den Klosterzellen kostet aktuell 18,- Euro. In einer kleinen Bar kann man auch Essen bestellen.

Mallorca – Bikespaß pur!

BALEAR
Reisen
auf Mallorca führend!
persönlich geführt – in kleinen Gruppen
digital geführt – per GPS-Navigation
professionell geführt – in Werkstatt und Verleih
Individuelle Reisepakete von Flug bis Hotel
www.active-mallorca.com